Elogios anteriores para la serie CONOCE A JESÚS

"Al más puro estilo Tara-Leigh, este estudio es fácil de seguir a la vez que te desafía a ahondar más en lo que dice la Palabra. Es más que simplemente leer la Biblia y responder algunas preguntas. Es una prueba para medir tu caminar espiritual, para hacerte esas preguntas difíciles, y para ser desafiado con cada cambio de página sobre lo que el Espíritu Santo te está revelando. Tanto si eres un nuevo creyente como alguien teológicamente bien versado, este estudio tiene algo que ofrecerte".

Clare Thompson Sims, miembro de D-Group

"Este estudio nos deja ver lo que D-Group ha estado haciendo por años. En lugar de alimentar a los lectores con respuestas, el estudio los capacita para hacer la tarea de llegar a sus propias respuestas a través de un estudio detallado y una lectura concentrada de la Palabra de Dios, permitiéndoles adueñarse de su crecimiento continuo y fe en el Rey Jesús. ¡Qué comienzo tan emocionante para una nueva serie memorable!".

Zuzana Johansen, miembro de D-Group

"Este estudio ayudará al lector a conectar el Antiguo Testamento con el Nuevo al aportar la perspectiva de la cultura y las costumbres judías durante los tiempos de Jesús. Esta lente proporciona claridad con respecto a por qué Jesús ministró y habló como lo hizo al relacionarse con judíos y también con gentiles. Además, comunica con claridad la importancia y el poder transformador de las enseñanzas de Jesús para los cristianos de hoy. Es un mapa de ruta, que extrae de las páginas del Antiguo Testamento y lo conecta con los Evangelios, apuntando a nuestra victoria en Cristo en la cruz".

Jeremy Hall, miembro de D-Group

"*Conoce a Jesús como Rey* combina una gran zambullida en el libro de Mateo con la estructura de D-Group. Al haber estado en D-Group desde el inicio, hace ya quince años, puedo decir con toda confianza que la estructura crea la consistencia que exige, y lleva mucho fruto para cualquier creyente. Abróchate el cinturón y ten fe en que Dios se revelará a ti como el Rey prometido y presente durante próximas diez semanas".

Meghann Glenn, miembro fundador de D-Group.

I0807073

CONOCE A JESÚS COMO SIERVO

LA SINOPSIS DE LA BIBLIA – SERIE CONOCE A JESÚS

CONOCE A JESÚS COMO SIERVO

UN ESTUDIO DE 10 SESIONES DEL EVANGELIO DE MARCOS

TARA-LEIGH COBBLE,
EDITORA GENERAL

ESCRITO POR EL EQUIPO DE TEOLOGÍA Y CURRÍCULO DE D-GROUP

WHITAKER HOUSE
Español

CONOCE A JESÚS COMO SIERVO
Un estudio de 10 sesiones del Evangelio de Marcos

Originally published in English under the title *Knowing Jesus as Servant*,
by Bethany House Publishers, a division of Baker Publishing Group,
Minneapolis, Minnesota, U.S.A.

Traducción al español por Belmonte Traductores
www.belmontetraductores.com

Edición: Henry Tejada Portales

ISBN: 979-8-88769-354-5
eBook ISBN: 979-8-88769-355-2
Impreso en los Estados Unidos de América

Whitaker House
1030 Hunt Valley Circle
New Kensington, PA 15068
www.espanolwh.com

Por favor, envíe sugerencias sobre este libro a: comentarios@whitakerhouse.com.

1 2 3 4 5 6 7 8 9 10 11 32 31 30 29 28 27 26 25

ÍNDICE

INTRODUCCIÓN

Los Evangelios (Mateo, Marcos, Lucas y Juan) nos ofrecen una narrativa cuádruple de la historia de Jesús. Algunos tal vez se pregunten por qué es necesario eso, pero la fascinante verdad es que cada Evangelio habla a una audiencia concreta y enfatiza un aspecto único de quién es Jesús. Además, las áreas donde se superponen verifican la autenticidad de toda la narrativa.

Mateo escribe sobre el Rey Jesús: su autoridad, su realeza y su trono que durará para siempre. Marcos escribe sobre Jesús como el Siervo sufriente, cuyo sufrimiento servirá eternamente a todos los que invocan su nombre. Lucas, extrayendo de la humanidad de Jesús, hace hincapié en Jesús como Salvador de la humanidad, algo que parece apropiado ya que Lucas era médico. Y Juan, el autoproclamado favorito de nuestro Señor, subraya repetidamente que Jesús es Dios. Estas cuatro narrativas nos ayudan a ver a Jesús desde varios ángulos, capturando distintas facetas de su gloria: Rey, Siervo, Salvador/Hombre, Dios. Podría parecer que estas características se oponen entre sí, pero en realidad nos presentan un entendimiento más pleno de quién es Él. Los cuatro relatos no solo son necesarios, ¡sino también hermosos!

El libro de Marcos se atribuye generalmente a Marcos, conocido también como Juan Marcos, que viajó con Pedro como su intérprete. Debido a que este Evangelio está lleno de información que solo se podría saber estando presente, los estudiosos suelen estar de acuerdo en que Marcos estaba registrando las experiencias personales de Pedro con el Siervo sufriente. El apóstol Pablo dijo a la iglesia en Colosas que Marcos era el primo de Bernabé (Colosenses 4:10), Marcos aparece varias veces en Hechos (12:12, 25; 13:13; 15:37-40), y aunque parecía tener desacuerdos con Pablo, este al final lo elogió en su carta a Timoteo (2 Timoteo 4:11).

Lo más probable es que el Evangelio se escribiera en Roma, específicamente dirigido a gentiles romanos que eran seguidores de Jesús. Hay tres razones por las que los estudiosos creen esto. En primer lugar, Marcos tradujo palabras en arameo para sus lectores (3:17; 5:41; 7:11, 34; 10:46; 14:36; 15:22, 34). En segundo lugar, utilizó expresiones latinas en lugar de palabras griegas en algunos lugares (5:9; 6:27; 12:15, 42; 15:16, 39) e hizo referencia a las horas según el sistema romano de la época (6:48; 13:35). En tercer lugar, Marcos explicó las costumbres judías en detalle (7:3, 4; 14:12; 15:42), omitió genealogías que trazaban el linaje de Jesús, e incluyó menos referencias al Antiguo Testamento. Todo esto parece indicar que escribía para una audiencia gentil.

El tono de Marcos también es característico. Sus historias tienen una sensación de urgencia; ¡utilizó la palabra *inmediatamente* más de cuarenta veces! Marcos escribió el Evangelio más corto de todos (solo 678 versículos), pero eso no le impidió dibujar cuadros gráficos de la vida de Cristo. La lente a través de la cual Marcos miraba era la de Jesús como Siervo, y ese punto se establece muy claramente en Marcos 10:45. Este Evangelio se redactó antes de la caída del templo en el año 70 d. C. y lo más probable es que fuera escrito a mediados o finales de la década del 50 d. C., mientras aún quedaban vivos testigos oculares de la vida de Cristo. Parece que fue el primer Evangelio en redactarse, ya que en los demás Evangelios hay partes que parecen sacadas de aquí, especialmente en Mateo y Lucas.

A medida que leas esta historia que puede resultarte familiar, desafíate a ti mismo a mirar más allá de la superficie para entender la perspectiva de Marcos acerca de la vida del Hombre más importante que pisó esta tierra. Jesús, que es Dios, reina como Rey y Salvador, y sin embargo vino a la tierra como un siervo sufriente. ¿Te has detenido para que eso pueda transformarte? ¡Comencemos este viaje juntos!

CÓMO USAR ESTE ESTUDIO

Aunque el estudio bíblico es vital para el caminar cristiano, una vida espiritual completa proviene de participar también en las demás disciplinas espirituales. Este estudio está diseñado no solo para equiparte con un mayor conocimiento y profundidad teológicos, sino también para ayudarte a involucrar además otras prácticas formativas que crearán una relación con Jesús más completa y satisfactoria. ¡Queremos verte prosperar en cada área de tu vida con Dios!

CONTENIDO Y PREGUNTAS

En cada una de las diez semanas de este estudio, la enseñanza y las preguntas están divididas en seis días, pero siéntete libre para hacerlo todo a la vez si es mejor para tus horarios. Si decides terminar el estudio de cada semana en un solo día, recuerda que hay aspectos que será bueno que tengas en mente cada día: la lectura bíblica diaria, la memorización de versículos y el reto semanal. Esto es mejor hacerlo durante toda la semana.

LECTURA BÍBLICA DIARIA

La lectura bíblica diaria se corresponde con nuestro estudio. Te tomará una media de tres minutos por día solamente leer (no estudiar) el texto. Si aprendes mejor de forma auditiva, tal vez prefieras escuchar una versión en audio de estos capítulos bíblicos.

Aunque decidas ver el contenido y las preguntas de la semana en un solo día, te animamos a que la lectura bíblica sea una parte de tu ritmo diario. Establecer el hábito de leer la Palabra cada día te ayudará a fortalecer tu fe y crear una mayor conexión con Dios.

Si decides repartir el estudio entre los seis días indicados para cada semana, tu lectura bíblica diaria se alineará con tu estudio. Los Días 1-5 seguirán nuestro estudio de Mateo, el Día 6 presenta un salmo que se corresponde con nuestra lectura, y el Día 7 sirve para que te pongas al día en caso que te hayas demorado.

MEMORIZACIÓN DE VERSÍCULOS

¡Memorizar versículos no es un trabajo inútil! Es una parte importante de guardar la Palabra de Dios en nuestro corazón (Salmos 119:11). Nuestro pasaje, Marcos 10:42-52, incluye la declaración de misión de Jesús acerca del servicio. Te animamos a practicarlo de forma acumulativa; es decir, *añadir* a lo que estás practicando cada semana en lugar de *reemplazarlo*. Citamos varias versiones en nuestros recursos, así que siéntete libre de memorizarlos en la versión que prefieras. Te sugerimos que trabajes en el versículo o versículos de cada semana a lo largo de la semana, no solo en el último minuto.

Incluimos algunas herramientas gratuitas en inglés para ayudarte, incluyendo una canción semanal, en MyDGroup.org/Resources/Mark.

RETO SEMANAL

Esta es nuestra respuesta práctica a lo que hemos aprendido cada semana. Queremos ser "hacedores de la palabra, y no solamente oidores" (Santiago 1:22). Encontrarás varios retos y te animamos a responder a todos, ¡especialmente a aquellos que te parezcan *más* difíciles! Esto te ayudará a fortalecer tus músculos espirituales y animarte en tu fe. Como ocurre con el versículo para memorizar, será bueno que comiences esta práctica al inicio de la semana, en especial porque algunos retos semanales incluyen cosas que hacer cada día de la semana (por ej., oraciones, escribir en un diario, etc.).

RECURSOS

Este es un estudio con gran énfasis en las Escrituras, y te verás buscando pasajes a menudo. Si eres nuevo estudiando la Escritura, ¡esta será una buena manera de indagar y afilar tus habilidades! Te sentirás más equipado y menos intimidado a medida que avances por cada capítulo. Algunas preguntas te pedirán que consultes un diccionario bíblico, comentario o diccionario de griego o hebreo, pero no tienes que comprar estas herramientas. Hay muchas opciones gratuitas disponibles en el internet. Hemos incluido vínculos a algunas de nuestras herramientas favoritas, además de recursos adicionales en inglés como podcasts, artículos y apps, en MyDGroup.org/Resources/Mark.

SEMANA 1

Marcos 1:

El Siervo establecido

VERSÍCULO PARA MEMORIZAR

Llamándolos junto a Él, Jesús les dijo: «Ustedes saben que los que son reconocidos como gobernantes de los gentiles se enseñorean de ellos, y que sus grandes ejercen autoridad sobre ellos».

Marcos 10:42

Nota: Si aún no has leído "Cómo usar este estudio" en las página 11-12, por favor hazlo antes de continuar. Tendrás un marco adecuado y herramientas útiles.

LECTURA BÍBLICA DIARIA

Día 1: Marcos 1:1-8

Día 2: Marcos 1:9-15

Día 3: Marcos 1:16-20

Día 4: Marcos 1:21-34

Día 5: Marcos 1:35-45

Día 6: Salmos 85

Día 7: Para ponerse al día

Corresponde al Día 277 de *La sinopsis de la Biblia*

RETO SEMANAL

Ver la página 35 para más información.

DÍA 1

MARCOS 1:1-8

LEE MARCOS 1:1-8

1. **Repasa Marcos 1:1.** ¿Cómo comienza el libro?

A diferencia de los otros tres Evangelios, el libro de Marcos no comienza con una genealogía, una tesis doctoral o el nacimiento de Jesús. *Evangelio* significa "las buenas noticias del cumplimiento de las promesas de Dios". Marcos comienza con el evangelio mismo: Jesucristo, el Hijo de Dios.

2. **Repasa Marcos 1:1-8. Después lee Isaías 40:3-5.** ¿Cómo se conectan estos pasajes?

En la tradición romana, un precursor (también conocido como mensajero o heraldo) anunciaba la llegada de oficiales romanos importantes. Los cristianos romanos que escuchaban la carta de Marcos estarían muy familiarizados con este concepto. Juan el Bautista (lo llamaremos JEB) fue el precursor de Jesús, el mensajero que preparó al pueblo para su llegada.

Además de anunciar la llegada de Jesús, JEB bautizaba a la gente. Personas de Judea y Jerusalén llegaban hasta el río Jordán para recibir su bautismo, pero él los llamaba a algo más que tan solo bautizarse. Los llamaba al *arrepentimiento*.

3. **Busca *arrepentimiento* en un diccionario bíblico.** Escribe la definición.

4. ¿En qué se diferencia el arrepentimiento de la confesión?

5. ¿En qué se diferencia el arrepentimiento del remordimiento?

Mientras bautizaba a las personas y las llamaba a arrepentirse, también predicaba, señalándolas hacia Jesús.

6. En 1:7, ¿cuáles fueron las tres cosas que dijo JEB acerca de Jesús?

En el momento en el que se escribió este libro, desatar las sandalias de alguien era el trabajo de un sirviente de bajo nivel; sin embargo, sabiendo quién era Jesús, JEB dijo que él no era digno de servirle ni siquiera en una tarea tan humilde como esa.

7. **Adelántate y lee Marcos 10:45.** ¿Cómo se describe Jesús a sí mismo?

Jesús, el Hijo de Dios, cuya llegada había sido muy esperada y profetizada, cuyo ministerio fue anunciado por un precursor, cuya autoridad es de Dios y cuyo sacrificio hace posible nuestra reconciliación con Dios, vino a servir.

Una falta de arrepentimiento y una visión inflada de nosotros mismos puede conducirnos a creer que somos dignos de hacer mucho más por Jesús que desatar sus sandalias, o incluso que merecemos que Jesús nos sirva. Sin embargo, cuando nos arrepentimos y realmente creemos que su servicio hacia nosotros es un regalo que no merecemos y nunca podríamos ganarnos, podemos aceptar con humildad y gratitud el regalo de la vida eterna que es posible a través de Jesús, el Siervo.

Aunque no somos dignos de servirlo y Él no necesita nuestro servicio, ¡se deleita cuando lo servimos con alegría (ver Salmos 100:2) y demostramos nuestro afecto por Él!

8. ¿Cuáles son algunas de las cosas en las que te deleitas en demostrar tu afecto por Dios mediante el servicio?

DÍA 2

MARCOS 1:9-15

LEE MARCOS 1:9-15

Ayer aprendimos que JEB llamaba a las personas a las que bautizaba a algo más que solo el bautismo: los llamaba al arrepentimiento.

1. **Repasa Marcos 1:9-11.** ¿Por qué crees que Jesús, que nunca pecó y no necesitaba arrepentirse, se bautizó?

El bautismo es un símbolo de humildad, y Jesús, a través de su humildad, estableció un ejemplo para que nosotros lo sigamos. Algunas tradiciones de fe dicen que también estaba purificando las aguas del bautismo para todos los que siguen sus pasos. Pero el bautismo de Jesús también demostró su autoridad como Dios y mostró su relación con las otras dos personas de la Trinidad. En su bautismo estuvieron presentes los tres: Dios el Hijo se humilló a sí mismo a través del acto físico del bautismo, Dios el Espíritu descendió y Dios el Padre habló. La escena recuerda los roles que desempeña cada persona de la Trinidad en la creación (ver Génesis 1:1-3; Juan 1:1-3).

2. **Lee Salmos 2:7 e Isaías 42:1. Después repasa Marcos 1:11.** ¿Cómo este lenguaje del Antiguo Testamento se hizo eco en el bautismo de Jesús?

En esta escena, la humildad de Jesús como Siervo y su autoridad como Hijo están claras. Y aunque un siervo humilde con autoridad divina parece ser una contradicción, en la economía de Dios tiene todo el sentido del mundo. Jesús asumió plenamente ambos roles yuxtapuestos, al igual que era completamente Dios y completamente hombre (ver Juan 1:14-18).

El libro de Marcos cambia con urgencia de un evento al siguiente, y Marcos nos cuenta que inmediatamente después del bautismo de Jesús el Espíritu lo llevó al desierto para ser tentado.

3. **Repasa 1:12-13.**

Aunque el Espíritu fue quien llevó a Jesús al desierto, el Espíritu no lo tentó: lo tentó Satanás. Y el Espíritu no lo dejó solo ante la batalla: los ángeles lo ministraban.

Aunque Marcos no explica por qué Jesús fue al desierto después de su bautismo, sí sabemos que Jesús tendía a retirarse a lugares donde pudiera estar a solas con el Padre después de momentos importantes en su ministerio. ¡Por supuesto que ser anunciado públicamente como el Hijo de Dios mientras descendía a las aguas del bautismo cuenta como un momento importante!

También sabemos que después de alcanzar metas importantes en nuestro propio camino de fe, podemos enfrentar tentaciones fuertes para pecar. Para Jesús, su tiempo en el desierto fue la consecuencia de una meta importante *y* la preparación para el ministerio público. En estos últimos días de preparación antes de que comenzara el ministerio de Jesús, lo que más le hubiera gustado a Satanás habría sido detener ese ministerio. En lugar de eso, la tentación de Jesús seguramente sirvió como preparación para lo que estaba por llegar tanto para Él como para nosotros. Dios tomó lo que el enemigo quiso para mal y lo volteó para convertirlo en algo bueno para nosotros. Gracias a lo que soportó Jesús, Él puede entender nuestro gozo, nuestro dolor y nuestras dificultades de primera mano. Él enfrentó la tentación igual que nosotros, pero siendo nuestro Salvador perfecto, Él la venció.

4. Marcos 1:14-15 está escrito abajo. **Haz un círculo alrededor del mensaje que proclamó Jesús.** Después subraya las palabras que dijo.

> *Después que Juan había sido encarcelado, Jesús vino a Galilea predicando el evangelio de Dios. «El tiempo se ha cumplido», decía, «y el reino de Dios se ha acercado; arrepiéntanse y crean en el evangelio».*

El ministerio de Jesús comenzó cuando JEB, su precursor, le fue arrebatado al pueblo. Es fácil pasar por alto este breve pasaje, pero es absolutamente vital en la historia de redención de Dios. El evangelio de Dios que Jesús proclamó es *de* Dios y *sobre* Dios.

El pueblo de Dios había esperado, anhelado y orado para que el reino de Dios llegara, ¡y Jesús les dijo que por fin había llegado!

5. En los tiempos de Jesús, la gente de Galilea era en su mayoría de clase trabajadora y pobre. También estaban siendo oprimidos por el gobierno romano. ¿Qué podría significar para ellos el mensaje de Jesús?

6. ¿Qué significa para ti?

El pueblo de Dios quería un rey que los salvara de sus enemigos y les diera una vida de paz, pero Dios tenía un plan que era infinitamente más hermoso: nos dio a todos un Rey que nos salva de nuestros pecados y nos da vida eterna. En Marcos 1:15 el Rey mismo nos dice cuál es nuestra tarea: "arrepiéntanse y crean en el evangelio".

Para los cristianos, cuando nos arrepentimos de nuestros pecados y creemos en el evangelio, la obra definitiva de justificación (ser declarados justos gracias a la obra de Jesús) está completa. El proceso de la santificación (ser más como Jesús) se demuestra a través de un arrepentimiento y una fe continuos.

7. ¿De qué cosas tienes que arrepentirte?

8. ¿Qué verdades te cuesta creer?

DÍA 3

MARCOS 1:16-20

LEE MARCOS 1:16-20

Cuando comenzó el ministerio de Jesús, Él llamó a sus cuatro primeros discípulos mientras estaban trabajando en el Mar de Galilea. El enfoque principal del ministerio de Jesús era su enseñanza, y la costumbre en esa época era que los potenciales estudiantes fueran los que buscaran a un rabino que los enseñara. Pero Jesús el Siervo se humilló a sí mismo y los buscó *a ellos.* Jesús, de una forma que no entenderían hasta después, llamó a esos hombres no solo a aprender, ¡sino también a participar en una misión terrenal de servicio y un reino eterno de gloria!

1. ¿Cuán rápidamente siguieron Simón y Andrés a Jesús? ¿Por qué es esto importante?

La respuesta de los discípulos es importante y establece un ejemplo que seríamos sabios en seguir. Pero el mensaje principal es la llamada de Jesús.

2. **Repasa 1:17.** Escribe las palabras que Jesús les dijo a Simón y a Andrés:

En los tiempos bíblicos, los niños y los adolescentes casi siempre entrenaban para continuar la profesión de sus padres. Muchas personas se casaban en su adolescencia y comenzaban sus carreras en el negocio familiar, preparándose para tomar las riendas a medida que sus padres envejecían. Simón, Andrés y Juan seguramente sabían desde que eran pequeños que de mayores serían pescadores. Por lo tanto, Jesús no los llamó a ser sus discípulos diciéndoles que "plantarían semillas" como los labradores o que "sanarían enfermos" como los médicos. Si lo hubiera hecho, es probable que se hubieran sentido poco preparados o sin las herramientas necesarias; Él sabía que en el momento perfecto los equiparía con todo lo que necesitaban. En su sabiduría y bondad, recibió a estos jóvenes pescadores con lo que tenían y los llamó usando lo que conocían: peces.

3. **Lee cada uno de los pasajes siguientes.** Empareja la referencia bíblica con la analogía de pesca.

Jeremías 16:16	Dios atrapa al faraón (el dragón del Nilo) y lo expulsa junto con su pueblo (los peces) al desierto.
Ezequiel 29:1-5	Los pescadores son enviados para atrapar pecadores y llevarlos a juicio.
Amós 4:1-3	Jesús quiere que sus discípulos pesquen personas para acercarlas al reino de Dios.
Marcos 1:14-17	Las mujeres de Samaria que oprimen a los pobres serán atrapadas con anzuelos y sus enemigos se las llevarán.

En el Antiguo Testamento, las analogías de pesca hablaban de juicio y condenación. Pero cuando Jesús pescó, trajo buenas noticias e invitó a la gente a entrar en el reino de Dios. Él vino para servir y para salvar.

4. Como la mayoría de trabajos, la pesca no es fácil. Requiere habilidad, paciencia, perseverancia e incluso silencio. ¿Qué te dice esto acerca del trabajo al que Jesús llamó a sus discípulos?

5. ¿Qué te dice esto acerca del trabajo al que te ha llamado a ti?

DÍA 4

MARCOS 1:21-34

LEE MARCOS 1:21-34

El pueblo judío iba a Jerusalén tres veces al año para adorar en el templo, pero el resto del año utilizaban pequeñas casas de adoración llamadas sinagogas. Cada sinagoga tenía sus propios rabinos (los maestros) que enseñaban y guiaban. Los rabinos locales a veces invitaban a enseñar a rabinos itinerantes o a otros rabinos locales, y así es como Jesús acabó enseñando en la sinagoga de Cafarnaúm.

Aunque Marcos no nos dice qué enseñó Jesús en la sinagoga, sí nos dice cómo enseñó: con autoridad.

1. **Busca *autoridad* (1:22) en un diccionario de griego.** ¿Qué significa?

Las personas que escucharon a Jesús sabían que había algo diferente en el modo que hablaba y enseñaba. Tenía una posición y un poder que mostraban que tenía derecho a hablar por Dios. Estaban asombrados. Ellos aún no sabían lo que nosotros ahora sabemos: Jesús *es* Dios (ver Colosenses 1:19).

El principal ministerio de Jesús en la tierra era enseñar, y lo hizo con autoridad. Sus milagros y sanidades respaldaban esa autoridad, como vemos con el espíritu impuro.

2. **Repasa 1:23-27.** ¿Dónde está presente la autoridad de Jesús?

El espíritu impuro (o demonio) sabía quién era Jesús. Él no necesitaba objetos, fórmulas u oraciones especiales para echarlo fuera; utilizó su autoridad y su voz. Satanás lucha contra todos los planes buenos y santos de Dios, y Jesús era la cúspide de su gran plan para la humanidad, así que no sorprende que Jesús se enfrentara a lo demoníaco en su ministerio. Jesús echó fuera demonios varias veces en los Evangelios, y aunque a menudo no se iban sin una pelea, Él siempre tenía la victoria. Estas victorias individuales señalan a su victoria final en la cruz.

3. **Lee Colosenses 2:15 en la versión NBLA, NVI y NTV.** ¿Qué hizo la muerte y resurrección de Jesús a los gobernantes y autoridades espirituales?

Después de los relatos de las enseñanzas de Jesús y el demonio que echó fuera, leemos el primer relato de sanidad en el libro de Marcos. Cada sanidad recogida en los Evangelios es diferente: a veces Jesús tocaba a la gente, otras veces hablaba, otras veces los llevaba a actuar, e incluso otras veces ni siquiera los veía en persona. Nuestro Dios creativo hizo a cada persona única, y su Hijo amoroso sirvió a cada persona de una manera única. En Marcos 1:31 Jesús fue con la suegra de Simón, alguien a quien seguramente conocía bien, y "tomándola de la mano la levantó".

4. ¿Qué hizo la suegra de Simón después de recibir sanidad?

La suegra de Simón vivía con Simón y Andrés, y es muy probable que, cuando Jesús estaba en Cafarnaúm, también viviera con ellos. Cuando la sanó, Jesús entró a una parte de la casa a la que solo podían entrar los miembros de ese hogar. Por lo tanto, aunque no sabemos exactamente cómo les sirvió, vemos que su respuesta inmediata fue la gratitud. Ella les sirvió a Él y a los suyos por el gran milagro que Jesús había hecho por ella.

La gente ya estaba asombrada con Jesús. Las noticias sobre Él se habían extendido, y en cuanto hubo terminado el sábado, "toda la ciudad" (v. 33) se reunió a su puerta, esperando ser liberados de demonios o sanados de sus enfermedades. No hizo falta mucho tiempo para que las personas creyeran que Jesús tenía la autoridad para sanar, y solo han hecho falta unos pocos versículos del libro de Marcos para que veamos que Jesús tiene la máxima autoridad sobre todas las cosas.

5. **Repasa los pasajes siguientes.** Al lado de cada referencia de la Escritura escribe aquello sobre lo que Jesús demostró su autoridad: demonios, enfermedades o personas.

Marcos 1:17 ______________________________

Marcos 1:25 ______________________________

Marcos 1:31 ______________________________

DÍA 5

MARCOS 1:35-45

LEE MARCOS 1:35-45

La lectura de hoy comenzó con Jesús levantándose antes de la salida del sol para pasar tiempo a solas en oración.

1. Si la oración intencional en solitario era vital para Jesús, ¿qué te dice eso acerca de tu propia necesidad de oración?

2. ¿Tienes una rutina de oración? Si es así, descríbela a continuación. Sino, escribe cómo te gustaría que fuera tu vida de oración.

Cuando los discípulos despertaron, una multitud buscaba a Jesús. Los discípulos lo encontraron e intentaron llevarlo para que apaciguara a quienes buscaban un milagro, pero Jesús estaba seguro de lo que tenía que hacer a continuación, y lo tenía muy claro: seguir moviéndose y seguir enseñando. Su plan era ir más allá de Cafarnaúm, a las otras ciudades de la región de

Galilea. Jesús hizo del plan de su Padre su prioridad, aunque no fuera la decisión que las personas querían.

La gente de Cafarnaúm estaba interesada solo en el aspecto milagroso de Jesús, pero su ministerio principal era la enseñanza; sin embargo, no podemos negar la importancia de sus milagros en ese ministerio. Al fin y al cabo, los exorcismos demostraban su autoridad sobre el pecado y Satanás, apuntando a la derrota final de estos. La sanidad, por otro lado, demostraba su autoridad sobre la enfermedad y la muerte, apuntando a la restauración final de la creación. Los milagros de Jesús apoyaban y confirmaban su mensaje.

3. **Lee 1:14-15.** ¿Cuál era el mensaje de Jesús?

Jesús y sus discípulos viajaron por la región de Galilea: una zona del norte de Israel compuesta por más de doscientos pequeños pueblos. Marcos nos dice que Él predicó en sus sinagogas y, para respaldar su mensaje, echó fuera demonios.

Durante este tiempo Jesús también sanó. La *lepra* era un término utilizado para describir un amplio rango de trastornos de la piel que nosotros hoy conocemos, desde psoriasis hasta tiña. Después del éxodo, Dios le dio a su pueblo instrucciones específicas relativas a estos trastornos y enfermedades.

4. **Lee Levítico 13:45-46.** ¿Qué tenían que hacer las personas que sufrían de lepra?

Las leyes de purificación tenían el propósito de prevenir el contagio de la enfermedad y realmente eran por el bien del pueblo de Dios, pero eso no hacía que la realidad de la persona afectada fuera menos desgarradora. Las personas que tenían lepra eran aisladas religiosamente (no podían adorar con el pueblo de Dios), aisladas socialmente (no podían comer ni bailar con sus comunidades), y eran aisladas financieramente (no podían trabajar para ganarse la vida). No solo tenían un dolor físico agonizante, sino que también sufrían emocionalmente.

Cuando el leproso se acercó a Jesús, su desesperación era evidente. Se arrodilló ante Jesús y le imploró: "Si quieres, puedes limpiarme" (1:40). El hombre sabía que Jesús podía sanarlo; su pregunta era si Jesús *quería*. El hombre, en su sufrimiento, creía en el poder de Dios aunque no estaba seguro de su compasión. Pero Jesús, siempre compasivo, fue movido a misericordia.

5. **Lee Levítico 13:45-46 y después repasa Marcos 1:41.** ¿Qué hizo y dijo Jesús? Según las leyes de Levítico, ¿por qué era esto radical?

Jesús pudo haber sanado al hombre solo con su voz, pero el hombre necesitaba sanidad física *y* emocional, así que Jesús lo tocó. El leproso no hizo a Jesús impuro, sino que Jesús lo hizo puro a él.

Jesús le recordó al hombre que siguiera la ley de Dios presentándose al sacerdote y ofreciendo sacrificios, y también le dijo al hombre algo extraño: que no le dijera a nadie lo que había ocurrido. Veremos a lo largo de los Evangelios que Él daba órdenes diferentes a judíos y a gentiles (es decir, cualquier persona que no era judía) cuando los sanaba. A los gentiles solía permitirles e incluso los animaba a contar a otros lo que había hecho por ellos, pero dentro de las comunidades judías en las que sanaba a personas, normalmente les decía que lo mantuvieran en secreto.

Jesús no se estaba contradiciendo. Esto es lo que se conoce como "secreto mesiánico": el plan de Jesús de mantener secreta su identidad como Mesías entre los judíos hasta el momento adecuado. Esta es una de las razones por las que Jesús les decía a personas que no dijeran nada de lo que Él había hecho por ellos. Como sabemos, tampoco quería que la gente lo buscara *solo* por la sanidad o los milagros; quería que las personas lo buscaran por quién era y el mensaje que enseñaba. Sin embargo, como el mensaje de Jesús era una amenaza tanto para los judíos como para los líderes romanos, es probable que no quisiera que las noticias sobre Él se extendieran con demasiada rapidez. En sus propias palabras, "todavía no [había] llegado [su] hora" (Juan 2:4).

Por supuesto, Jesús sabía que el hombre no podría mantener el milagro en secreto. Y, a medida que el hombre se lo contaba a más gente, más personas se acercaban a Él buscando sanidad.

6. ¿Qué ha hecho Dios por ti que es demasiado maravilloso como para mantenerlo en secreto?

Sea cual sea tu historia, si conoces a Cristo sabes que Él ha hecho algo maravilloso por ti. Él es el milagro. Él es la buena noticia. ¡Y Él es la razón de nuestro gozo!

7. ¿Qué es lo que más te ha llamado la atención del estudio de esta semana? ¿Por qué?

8. ¿Qué has aprendido o reaprendido acerca de Dios y su carácter esta semana?

DÍA 6

SALMO CORRESPONDIENTE Y ORACIÓN

LEE SALMOS 85

1. ¿Qué correlación ves entre Salmos 85 y el estudio de esta semana acerca de Jesús y su reino?

2. ¿Qué porciones de este salmo te llaman más la atención?

3. Termina haciendo esta oración en voz alta:

Padre,

Te adoro por quién eres. ¡Tú eres el Dios que restaura y revive! ¡Tú eres el Dios que otorga arrepentimiento y trae nueva vida! La justicia va delante de ti.

Padre, he pecado y apelo a tu misericordia. Me arrepiento de mis pecados, me acerco a ti y te pido que limpies mi corazón. Igual que la gente de Cafarnaúm, confieso que a veces me interesa solo lo que tú puedes hacer por mí y no quién eres. Aun así, tú me has servido a pesar de las veces en que no te valoro por encima de todo lo demás. Me arrepiento de no amarte bien en mis pensamientos y acciones.

Muéstrame tu amor inagotable, oh Señor. Avívame y restáurame. Ayúdame a no volver a la necedad. Mantén mis pies firmes en el camino de la justicia. Apártame de mi propio egoísmo y hazme más parecido a tu Hijo Jesús, que tenía un corazón de servicio a los demás.

Te rindo mi vida, Señor; en cada momento de mi día y en cada decisión que tome, rindo mi voluntad y mi camino ante tu voluntad perfecta y tu camino perfecto.

Yo también te amo. Amén.

DÍA 7

DESCANSA, PONTE AL DÍA O PROFUNDIZA

RETO SEMANAL

En Marcos 1:35 Jesús apartaba tiempo para orar levantándose cuando aún estaba oscuro. Apartar tiempo para orar de manera intencional es importante para hacer crecer nuestra relación con Dios y probablemente requiera algún sacrificio, ya sea levantarse temprano, acostarse tarde, silenciar tu celular, utilizar el tiempo de la siesta de tus hijos, o apartarte durante tu descanso para el almuerzo en la escuela o el trabajo. Esta semana, decide y comprométete a apartar un tiempo diario para orar. Cada día puede ser diferente el momento o el espacio de tiempo, pero márcalo en tu calendario para que no se pierda en tu horario. Utiliza un diario de oración y toma notas no solo de tus oraciones, sino también de lo que Dios está haciendo en tu corazón en este tiempo.

SEMANA 2

Marcos 2-3:

Las noticias del Siervo

VERSÍCULO PARA MEMORIZAR

"Pero entre ustedes no es así, sino que cualquiera de ustedes que desee llegar a ser grande será su servidor, y cualquiera de ustedes que desee ser el primero será siervo de todos".

Marcos 10:43-44

LECTURA BÍBLICA DIARIA

Día 1: Marcos 2:1-17

Día 2: Marcos 2:18-28

Día 3: Marcos 3:1-12

Día 4: Marcos 3:13-21

Día 5: Marcos 3:22-35

Día 6: Salmos 37

Día 7: Para ponerse al día

Corresponde a los Días 280 y 282 de *La sinopsis de la Biblia*

RETO SEMANAL

Ver la página 63 para más información.

DÍA 1

MARCOS 2:1-17

LEE MARCOS 2:1-17

Si circulara un periódico diario por la antigua Israel, no hay duda de que Jesús hubiera sido portada. Las noticias de sus milagros se extendieron rápidamente por toda Galilea, y las personas estaban asombradas por su poder para sanar, echar fuera demonios y predicar con autoridad.

Cuatro amigos escucharon estas historias y realmente creyeron que Jesús tenía el poder de hacer que su amigo paralítico caminara, así que diseñaron un plan para llevarlo hasta Jesús.

1. ¿Cuál fue su dilema cuando llegaron a la casa de Jesús en Cafarnaúm?

2. ¿Cuál fue su remedio?

3. ¿Qué dice su plan acerca de su fe en Jesús?

No es extraño que mientras predicaba en su casa en Cafarnaúm, estuviera abarrotada por aquellos que buscaban una cura o simplemente tenían curiosidad acerca de Él. Pero el cuarteto de amigos estaba lleno de determinación. Se subieron al tejado de paja, quitaron algunos paneles del techo, y de alguna manera consiguieron subir a su amigo al tejado y lo bajaron por allí en medio de la multitud. Este plan requería mucho trabajo. Estos amigos llenos de fe ¡realmente creían que su amigo sería sanado!

4. Más allá de su capacidad para sanar, ¿qué habilidades revelan los versículos 2:5 y 2:8?

Jesús vio la fe de los hombres y percibió las preguntas de los escribas. El Hijo divino de Dios podía ver lo profundo de sus corazones. Jesús podría haber impactado a la multitud con algún otro milagro grande, pero escogió primero ocuparse del corazón roto de este hombre. Unas piernas disfuncionales no le impedirían entrar al reino, pero un corazón sin restaurar sí que podría. Jesús, con abundante bondad, se ocupó de la mayor necesidad de este hombre al perdonar sus pecados.

Todos los que estaban allí seguramente se sorprendieron por las palabras de Jesús. Imagina la derrota momentánea de los amigos después de las primeras palabras de Jesús: "Hijo, tus pecados te son perdonados". Imagínalos mirando la situación desde su vista aérea (mirando a través del agujero en el tejado) y queriendo gritar: "Jesús, ¡lo trajimos para que arreglaras sus piernas! ¡No lo cargamos hasta aquí por su pecado!". Toma nota también de la respuesta de los escribas a la afirmación de Jesús: lo acusaron de blasfemia.

5. **Utiliza un diccionario bíblico u otra herramienta bíblica para definir *blasfemia*.**

Los escribas tenían razón al pensar: *solo Dios puede perdonar los pecados*, pero no estaban dispuestos a creer que Jesús *es* Dios. Jesús mostró su divinidad a través de su autoridad sobre el pecado y su poder para sanar, pero ellos no creían. Jesús le dio unas instrucciones simples al hombre que estaba en la camilla, y este inmediatamente salió por la puerta; justo como sus cuatro amigos esperaban.

6. Marcos 2:12 dice que "todos estaban asombrados, y glorificaban a Dios, diciendo: «Jamás hemos visto cosa semejante»". Describe un momento en el que la intervención de Dios te asombró, y escribe una sencilla oración de alabanza.

Después de esta sanidad, Jesús dejó su casa y caminó por la costa del mar. Las multitudes lo seguían y Él aprovechó la oportunidad para seguir enseñando. Cuando Jesús pasó cerca de Leví (también conocido como Mateo), el recaudador de impuestos, lo invitó a seguirle.

Mateo siguió a Jesús inmediatamente y su "sí" fue radical. Los judíos odiaban a los recaudadores de impuestos porque eran compatriotas que habían escogido trabajar mano a mano con el enemigo: el Imperio romano. Robaban a sus propias comunidades judías para edificar el reino de sus opresores y llenar sus propios bolsillos. Mateo no era una excepción a esta descripción del trabajo. Su puesto de recaudación de impuestos junto al mar significaba que probablemente se aprovechaba de los mismos pescadores junto a los cuales seguiría a Jesús. Su "sí" a Jesús rompió su relación con su empleador: Roma. Ya no habría opción de volver a sus lujosos ingresos; sin embargo, a pesar de ser repudiado por los judíos de los que se aprovechaba, creyó que seguir a Jesús era la mejor recompensa.

7. **Repasa 2:15-16.** La frase *recaudadores de impuestos y pecadores* aparece tres veces en estos dos versículos. Utiliza un comentario bíblico para describir lo que implicaba ser recaudador de impuestos así como el significado de "pecador".

8. ¿Puedes poner algún ejemplo de comparaciones modernas de un recaudador de impuestos y un "pecador"?

Estas personas, que eran consideradas marginadas por los líderes religiosos, estaban sentadas cómodamente con Aquel que nunca había pecado. Jesús no tenía miedo de hacerse *como* ellos ni tampoco de estar *cerca* de ellos. Se sentó a la mesa junto a ellos; algo que solo se hacía con los amigos íntimos. Jesús tenía toda la información acerca de su condición y tenía completa autoridad sobre cada uno de ellos, pero los sirvió como amigo. Ellos no tenían un verdadero conocimiento de Dios, pero Dios mismo se acercó a ellos en amor.

9. Recuerda el momento en el que fuiste consciente de que necesitabas la sanidad espiritual que solo Jesús puede dar. Escribe algunas frases describiendo cómo Dios te transformó de pecador a justo.

10. Ahora que has sido restaurado espiritualmente, ¿cómo puedes compartir esperanza y verdad con las personas que necesitan restauración espiritual?

DÍA 2

MARCOS 2:18-28

LEE MARCOS 2:18-28

En el pasaje de hoy los fariseos y los discípulos de JEB estaban ayunando, pero Jesús y sus discípulos no. Algunos entre la multitud le preguntaron a Jesús: "¿Por qué tus discípulos no hacen las cosas como los demás?". Como solía hacer, Él respondió a su pregunta con otra pregunta.

1. **Repasa 2:19-20.** ¿Qué título se asignó Jesús a sí mismo?

2. **Lee Isaías 62:5 y Oseas 2:16, 19-20.** ¿Encuentras expresiones similares en estos pasajes del Antiguo Testamento? Utilizando una herramienta de estudio bíblico, describe la importancia de este título.

Jesús no se inventó esta analogía. En la antigua Israel, muchos rabinos declaraban que durante la celebración de una boda que duraba toda la semana, el *gozo* era más importante que cumplir las leyes religiosas. Algunos rabinos incluso llegaban a decir que si una ley obstaculizaba el gozo durante las celebraciones de boda, ¡no hacía falta cumplirla! La ilustración de Jesús comunicaba esta misma idea: *yo no soy los fariseos o JEB; soy el novio, y la celebración está ocurriendo ahora mismo. El gozo de las bodas está donde yo esté. ¡Donde yo estoy, hay gozo!*

Después, Jesús habló a la multitud como lo haría un sastre o el dueño de una viña. El reino de Dios no es solo un parche sobre la ley de Moisés o la tradición judía; Jesús vino para crear algo nuevo, no a remendar algo viejo. La llegada del Mesías trajo consigo una nueva era con nuevas formas de hacer las cosas. Sus analogías dejaban ver que seguirlo sería diferente a seguir las tradiciones milenarias de ellos.

3. Haz un balance de tus prácticas religiosas y personales. ¿Tienes algunas tradiciones o rutinas que ocupen una posición demasiado alta en tu vida?

Muchos sabían que Jesús y sus discípulos no ayunaban según ciertas normas, pero un sábado, cuando los discípulos recogieron un poco de trigo, los fariseos se escandalizaron porque Jesús y sus seguidores estaban cosechando en sábado.

4. **Repasa 2:25-26. Lee Deuteronomio 23:25 y 1 Samuel 21:1-6.** ¿Qué cosas estaban permitidas según la ley del Antiguo Testamento?

La pregunta de Jesús de "¿Acaso no han leído...?" (NTV) era incisiva. *¡Por supuesto que lo habían leído!* Eso sería como preguntarle a un jinete si alguna vez había oído hablar de un caballo. Los fariseos se enorgullecían de conocer las Escrituras. Las leían e incluso las memorizaban, pero no las entendían del todo. Se enfocaban en la ley y no captaron el corazón que hay detrás de la ley.

La pregunta de Jesús a los fariseos resaltaba la tensión que iba en aumento entre su misión y la rigidez de ellos en el cumplimiento de las normas. Jesús nunca quebrantó los mandamientos de Dios con respecto al sábado y nunca animó a sus discípulos a hacerlo. Lo que sí hizo, sin embargo, fue quebrantar las leyes creadas por los hombres para contrarrestar el régimen religioso opresivo y demostrar que las tradiciones de ellos no eran las leyes de Dios.

Según Deuteronomio 23:25, la ley declaraba que se podían recoger granos de trigo mientras caminabas; y en 1 Samuel 21:1-6 incluso a David se le permitió comer del pan de la presencia y compartirlo con sus hombres porque tenían gran necesidad. Jesús corrigió a los fariseos cuando señaló: "El sábado fue hecho para bendecirles y ustedes lo han convertido en una carga para todos añadiendo sus propias leyes y poniéndolas al mismo nivel que las leyes de Dios".

5. **Lee Génesis 2:1-3.** Describe el corazón de Dios en relación al descanso del sábado. Utiliza una herramienta de estudio bíblico si te ayuda.

6. ¿Por qué es necesario para el seguidor de Cristo descansar hoy en día?

El descanso era más antiguo que la ley. Después de que el Dios trino (Padre, Hijo y Espíritu) creó *todo*, descansó. El séptimo día es un día santo (un día bendecido y "feliz") y fue creado para el hombre, para bendecirlo. Dios quiere bendecir a sus hijos. ¡Él sabe que estamos cansados! Sabe que necesitamos descansar verdaderamente en Él. "El día de reposo se hizo para el hombre, y no el hombre para el día de reposo" (Marcos 2:27). El descanso del sábado es una oportunidad para que los hijos y las hijas de Dios quiten su mano del arado, dejen de intentar controlarlo todo y confíen en que el Creador del cielo y de la tierra está en control.

7. ¿De qué cosas tienes que soltar el control? Anótalas aquí abajo y después haz una oración de arrepentimiento. Dale gracias a Dios por ser un Padre bueno que está en control.

8. **Repasa 2:28 y lee Daniel 7:13. Utiliza un diccionario de griego para buscar la palabra *señor*.** ¿Qué significa que Jesús se llamara a sí mismo "Hijo del Hombre"?

Jesús concluyó su respuesta a los líderes religiosos haciendo una atrevida afirmación final. Se llamó a sí mismo "Hijo del Hombre", un anuncio evidente de que Él es el Mesías anunciado por los profetas del Antiguo Testamento. Esta afirmación era una declaración de su deidad. Añadió que Él es señor (dueño) del sábado. El Hijo del Hombre estaba allí en el séptimo día cuando el descanso fue instaurado, y Aquel que instauró el sábado sabía que su obra terminada en la cruz era la única forma de que los hijos y las hijas de Dios tuvieran descanso completo.

9. ¿En qué áreas de tu vida (incluso tus pensamientos) necesitas descansar en la verdad de lo que Jesús hizo por ti?

10. ¿Hay algún paso práctico que debas dar para que eso sea una realidad mayor en tu vida?

DÍA 3

MARCOS 3:1-12

LEE MARCOS 3:1-12

Jesús, un judío obediente a la ley y con reverencia por Su Padre, fue a la sinagoga el día de reposo. Una vez allí, se fijó en un hombre que tenía una mano seca. Este encuentro no era común porque las personas con discapacidades no tenían permitida la entrada a la sinagoga en ese tiempo. Es casi seguro que ese hombre había sido manipulado por los fariseos y utilizado como cebo para atrapar a Jesús. Eran incansables en sus esfuerzos por eliminar a su enemigo. Jesús se dio cuenta de la situación y mostró no solo amor por Dios sino también amor por el hombre con la mano seca.

1. En tus propias palabras, resume por qué los fariseos criticaban repetidamente a Jesús. **Repasa la lectura de ayer o alguna herramienta de estudio bíblico si te ayuda.**

Los fariseos dedicaban sus vidas a estar apartados para Dios y estaban empeñados en defender las leyes de Dios, incluso si las "leyes de Dios" eran leyes que ellos mismos habían creado. No mucho antes de esto, Jesús había anunciado que Él es "señor del sábado", una frase que entendiblemente los enfureció. Siguieron recopilando información acerca de Él, pero a pesar de todos sus milagros se negaban a creer las declaraciones que Jesús había hecho sobre quién era.

Jesús siguió mostrándoles el corazón de Dios a través de sus preguntas. Fíjate en cómo planteó su pregunta en el 3:4. Según las tradiciones del sábado de los fariseos, si un hombre se cortaba el dedo en sábado podía detener el sangrado pero no podía ponerse un ungüento. Podía impedir que empeorara pero no podía curarlo. Jesús podría haber sanado la mano de este hombre cualquier día de la semana, pero al decidir hacerlo en sábado dejó claro a la élite religiosa de corazón endurecido que nunca es un mal día para hacer algo bueno.

2. **Repasa 3:5.** ¿Cuáles fueron las dos emociones que tuvo Jesús al mismo tiempo?

3. ¿Te parece conflictivo experimentar estas dos emociones? ¿Por qué sí o por qué no?

El Hijo del Hombre estaba enojado por la oposición de ellos y entristecido por el estado de sus corazones. A muchos de nosotros nos han enseñado que no deberíamos enojarnos, pero las Escrituras nunca dicen eso.

4. **Lee Efesios 4:26.** ¿Qué nos dice que evitemos?

En los Evangelios hay varios ejemplos de Jesús enojándose; y con razón.

5. **Lee el texto y únelo con las razones para la ira santa de Jesús.**

Marcos 3:1-6	Leyes injustas impuestas sobre la gente
Marcos 12:41-44, Mateo 6:5	Hacer difícil que la gente se acerque a Dios
Mateo 23:25-32	Ambición egoísta
Mateo 21:12-17	Juicio santurrón

6. **Lee Génesis 6:6 e Isaías 63:10.** ¿Qué emoción expresó Dios?

7. **Busca esa palabra en un diccionario bíblico o un diccionario de hebreo y escribe lo que encuentres.**

La ira santa de Jesús y su corazón dolido reflejaban al Padre y al Espíritu Santo durante momentos en los que su pueblo se comportaba deshonestamente o con maldad. El Salvador humilde y con corazón de siervo lidió simultáneamente con su ira y su tristeza mientras rechazaba las falsas acusaciones de sus enemigos. Jesús sirvió al "menor de estos" luchando contra los sistemas religiosos injustos e impíos que los oprimían.

8. ¿Cuál suele ser tu respuesta cuando estás enojado?

9. ¿Cómo puedes imitar la reacción de Jesús cuando estés enojado?

10. ¿Qué cosas remueven tu ira santa y qué te entristece?

11. **Repasa 3:7-12.** En el mapa siguiente, encierra en un círculo las ciudades mencionadas en el pasaje. Utilizando la leyenda, anota la distancia desde cada ciudad hasta Cafarnaúm.

(figure 2.1)

Ciudad/región	Distancia (aproximada)
Galilea	
Judea	
Jerusalén	
Idumea	
Tiro	
Sidón	

Se tardaría casi un día en recorrer treinta kilómetros a pie. Como muestra el mapa, llegaban personas de todas las direcciones, a veces caminando durante días o semanas de ida y regreso para estar cerca de Jesús. La popularidad del Hijo del Hombre estaba creciendo y cada vez era más difícil para Él y sus discípulos controlar a las multitudes. Mientras las muchedumbres seguían amontonándose, Jesús desarrolló un plan brillante, pidiendo a sus discípulos que consiguieran una barca para que Él pudiera echar el ancla cerca de la orilla. La distancia de la multitud lo protegía de ser aplastado, y su voz resonaba sobre el agua como un micrófono natural. Jesús siguió predicando las buenas noticias, sanando a los que estaban enfermos y echando fuera demonios.

12. ¿Qué afirmación hicieron los demonios acerca de Jesús?

13. ¿Por qué crees que Jesús les respondió como lo hizo?

Los espíritus impuros reconocieron correctamente su posición como Hijo de Dios pero, aunque sus palabras eran verdaderas, Jesús les ordenó que se callaran. Jesús quería ser conocido como el Hijo de Dios, pero no a través de las intenciones malvadas de los espíritus impuros a los que no les importaban sus tiempos o su plan. Su verdadera identidad como el Salvador siervo y Mesías tan esperado se revelaría a través de sus palabras y sus obras de justicia y en el tiempo perfecto del Padre.

14. Toma un momento para reflexionar en el título de Jesús "Hijo de Dios" y lo que significa que Él haya decidido revelarse a ti. Escribe una breve oración dándole gracias por darte a conocer su verdadera identidad.

DÍA 4

MARCOS 3:13-21

LEE MARCOS 3:13-21

Al final de un largo día de ministerio, Jesús abandonó la barca desde la cual había estado ministrando y subió a un monte. El Evangelio de Lucas nos da más información acerca de este momento, explicando que Jesús pasó la noche orando. Cuando salió el sol reunió a todos los discípulos que lo seguían y escogió a doce para que fueran sus apóstoles.

1. **Utiliza un diccionario bíblico o una herramienta de estudio para definir las palabras *discípulo* y *apóstol*.**

2. ¿Cuál es la diferencia principal entre estas dos palabras?

La palabra *discípulo* (*mathētēs*) significa "aprendiz" o "seguidor". Un *apóstol (apostolos)* es aquel que es mensajero o enviado con una misión. Jesús llamó a estos doce jóvenes (la mayoría de los cuales seguramente eran adolescentes) a seguir más de cerca su vida y obtener un entendimiento más profundo de su mensaje y su ministerio. En esencia, Jesús estaba diciendo: "¡Vengan y vean, y pronto irán y contarán!".

3. **Utiliza una Biblia de estudio u otra herramienta de estudio para ver las similitudes y las diferencias entre los doce apóstoles que Jesús escogió.** ¿Cuáles podrían ser sus fortalezas? ¿Cuáles podrían ser sus debilidades? Anota toda la información que puedas.

Este equipo de doce cuidadosamente seleccionado, con el tiempo pondría el mundo "patas arriba". Entre ellos se encontraban un negador, un traidor, un engañador, un dudoso y un fanático religioso. Lo más probable es que también cada apóstol aportara habilidades prácticas que beneficiarían a la misión: los pescadores estaban bien entrenados para navegar y el recaudador de impuestos seguramente tenía habilidades numéricas avanzadas así como mucha atención al detalle. A pesar de las fortalezas y debilidades de cada uno, Jesús vio más allá, y sabía en qué se convertirían cuando se rindieran a Él y se comprometieran con la voluntad de su Padre.

4. **Lee Mateo 28:16-20 y Romanos 1:1-6.** ¿Cuál es la diferencia entre un discípulo y un apóstol?

Aunque Marcos utilizó *apóstol* y *discípulo* para diferenciar entre dos tipos de seguidores de Cristo, algunos dicen que hay evidencia en la Escritura de que si estamos en Cristo, somos ambos. Incluso ahora Jesús nos llama a seguirlo *y* nos envía a ser mensajeros de las buenas noticias hasta los confines de la tierra.

5. ¿En qué sentido ser seguidor y mensajero de Jesús moldea tu vida diaria? ¿Con qué frecuencia eres consciente de que ocupas estas posiciones?

6. ¿Qué significa para ti que Dios te escogió *a ti* para ser uno de sus seguidores a pesar de tus pecados y debilidades?

La lectura de hoy termina con otra descripción de la magnitud de la multitud. Había tantas personas en la casa de Jesús cuando Él regresó a su hogar ,que su vida diaria sufría interrupciones; ¡no podían ni comer! Cuando la familia de Jesús escuchó todo lo que estaba pasando, lo acusaron de haber perdido la cabeza.

7. ¿Alguna vez aquellos que amas te han acusado o has tenido algún malentendido con ellos? Si es así, describe brevemente lo que ocurrió.

8. ¿Cuál fue tu respuesta inmediata?

Mañana, y a lo largo del resto de este estudio, nos sumergiremos más profundamente en cómo Jesús nunca dejó que las opiniones de los hombres lo desviaran de la misión de su Padre y cómo ordenó a sus seguidores, como nosotros, a hacer lo mismo.

Dios, ayúdanos a ser un pueblo que permanece fiel para hacer tu voluntad aún al enfrentar oposición.

DÍA 5

MARCOS 3:22-35

LEE MARCOS 3:22-35

Mientras Jesús seguía enseñando en su casa, los escribas acosaban a la multitud haciendo afirmaciones muy fuertes sobre Él. En la lectura de ayer vimos a Jesús firme en su misión a pesar de la oposición creciente. Hoy vimos a los líderes religiosos intentar disuadir a las multitudes de creer en la verdadera identidad mesiánica de Jesús y hacer que lo asociaran con una autoridad diferente.

1. ¿Quién es Beelzebú? **Utiliza una herramienta de estudio bíblico para ayudarte a escoger todas las respuestas que se apliquen.**

   A. otro nombre para los demonios

   B. un nombre de Satanás o el diablo

   C. un nombre que significa "señor de los mosquitos"

   D. un nombre que significa "señor de las moscas"

   E. un nombre para el fantasma de Nabucodonosor

   F. un nombre que significa "señor del estiércol"

Baal-Zebub era un Dios filisteo al que se adoraba en Ecrón y cuyo nombre significaba literalmente "señor de las moscas". Puedes leer sobre él en 2 Reyes 1:2-6. Los paganos creían que Baal-Zebub tenía autoridad para ahuyentar a las moscas, las cuales eran una fuente de enfermedad. Con el tiempo, los judíos cambiaron el nombre "Baal-zebú" a "Baal-Zebul" qué significa "señor del estiércol" y es un título que muestra el desagrado más absoluto. Le asignaron este nombre al mismísimo Satanás con el propósito de declarar lo aberrante que es.[1]

Cuando los escribas entraron en escena y aseguraron que Jesús actuaba bajo la autoridad de Belcebú, lo estaban atacando de manera cínica y despiadada. Esta acusación pública no era cualquier cosa. En sus mentes religiosas, Jesús ya había quebrantado demasiadas normas y había llegado demasiado lejos, pero antes de poder destruirlo necesitaban desacreditarlo frente a las multitudes que estaban impresionadas con Él.

2. **Resume la respuesta de Jesús en 3:24-27.** ¿Cuál fue la conclusión de Jesús?

En esencia, Jesús afirmó: "No estoy trabajando para Satanás; lo estoy derrotando. Satanás es fuerte, pero yo soy más fuerte". Y, con la autoridad que tenía, Jesús advirtió a sus acusadores de los peligros de atribuir el poder y propósito de Dios al enemigo.

3. Basándote en tu conocimiento actual, explica la afirmación de Jesús de que "cualquiera que blasfeme contra el Espíritu Santo no tiene jamás perdón, sino que es culpable de pecado eterno" en el espacio siguiente. **Puedes utilizar una herramienta de estudio de la Biblia para entenderlo mejor.**

En este texto y en los demás Evangelios sinópticos (Mateo 12:22-37, Lucas 11:14-23), "la blasfemia contra el Espíritu Santo" parece hacer referencia a cómo los fariseos de modo persistente y arrogante atribuían la obra de Dios a Satanás cuando sabían que la acusación era falsa. No solo estaban diciendo que Jesús era un demonio; estaban negando su deidad.

1. G954 - beelzeboul–Strong's Greek Lexicon (net)", Blue Letter Bible, consultado en línea 22 de enero de 2024. https://www.blueletterbible.org/lexicon/g954/net/mgnt/0-1/.

Tal vez la blasfemia contra el Espíritu Santo se refiere específicamente a este tipo de incidente: atribuir la obra del Espíritu Santo a Satanás. Marcos deja claro en otras partes de su Evangelio que el perdón a través del arrepentimiento siempre es posible. Este pecado no es "demasiado grande" para que Dios lo perdone; más bien es un pecado que impide el perdón porque implica una falta de arrepentimiento. Solo un corazón obstinado y que está apartado de Él atribuiría al diablo lo que claramente es divino.

4. ¿Alguna vez te ha preocupado que alguno de tus pecados fuera demasiado grande como para que Dios lo perdonara?

5. **Lee 1 Juan 1:9.** ¿Cómo moldea tu visión del pecado y la capacidad de Dios para perdonar?

Después de este momento importante, María y los hermanos de Jesús lo mandaron llamar. Las multitudes le comunicaron a Jesús el mensaje: "Tu madre y tus hermanos están afuera y te buscan"; pero Jesús siguió enfocado en la misión de Su Padre y aprovechó el momento para enseñar. Preguntó: "¿Quiénes son mi madre y mis hermanos?".

6. ¿Qué estaba enseñando Jesús acerca de la familia biológica?

7. ¿Por qué esta afirmación era contracultural?

Jesús conocía a su madre y a sus hermanos. No los había dejado a un lado y tampoco se olvidó de su existencia cuando comenzó su ministerio. En la cultura judía, la familia era el cimiento de la sociedad. De hecho, hay un dicho hebreo que dice "la familia es la primera célula esencial de la sociedad humana". Jesús veía la familia como un regalo de Dios y lo más importante después de Dios. Cuando Jesús hizo esta afirmación: "Cualquiera que hace la voluntad de Dios, ese es mi hermano, y hermana y madre", no estaba menospreciando a su familia biológica. En cambio, estaba resaltando la importancia de la familia en el reino de Dios: judíos y gentiles de toda nación, tribu y lengua.

8. **Lee Hebreos 12:5-6 y Romanos 8:16-17.** ¿Se te llena el corazón de afecto por el Padre al saber que te llama su hijo? ¿En qué sentido? Describe la paz de saber que eres coheredero con Cristo.

9. ¿Qué es lo que más te ha llamado la atención del estudio de esta semana? ¿Por qué?

10. ¿Qué has aprendido o reaprendido acerca de Dios y su carácter esta semana?

DÍA 6

SALMO CORRESPONDIENTE Y ORACIÓN

LEE SALMOS 37

1. ¿Qué correlación ves entre Salmos 37 y el estudio de esta semana sobre Jesús y su reino?

2. ¿Qué porciones de este salmo te llaman más la atención?

3. Termina haciendo esta oración en voz alta:

Padre,

Tú eres un Dios justo. Gracias porque en tu tiempo perfecto traerás justicia sobre los malvados. Tú conoces las mentiras que el enemigo dice sobre ti y sobre mí, igual que las mentiras que decía sobre tu Hijo Jesús. Puedo confiar en que, a la larga, tú sacarás la verdad a la luz.

Confieso que mi mente a menudo se puede ver consumida por cosas que no te glorifican; cosas como mi reputación, el temor acerca del futuro, el enojo egoísta y el deseo de control. Me arrepiento de mis pecados y te miro a ti; solo tú puedes limpiar mi corazón.

Dios, elimina mi espiral de ansiedad. Arranca de raíz mis pensamientos y deseos pecaminosos. Ayúdame a deleitarme en ti y a confiar en que tú estás obrando a mi favor. Ayúdame a estar quieto y esperar pacientemente a que tú actúes. Ayúdame a hacer el bien y ser amigo de la fidelidad. Como miembro de tu familia, ayúdame a hacer tu voluntad. Y gracias por la oportunidad de ser parte de la única misión eterna: ¡la vida en tu reino!

Te rindo mi vida, Señor; en cada momento de mi día y en cada decisión que tome, rindo mi voluntad y mis caminos ante tu voluntad y camino perfectos.

Yo también te amo. Amén.

DÍA 7

DESCANSA, PONTE AL DÍA O PROFUNDIZA

RETO SEMANAL

En Marcos 2:27 Jesús dijo: "El día de reposo se hizo para el hombre, y no el hombre para el día de reposo". En la cultura moderna, el concepto del sábado no suele entenderse bien y la mayoría de nosotros no apartamos un periodo de veinticuatro horas cada semana para desconectar del trabajo, los recados y otros logros para descansar en el Señor y profundizar nuestro tiempo con nuestra comunidad. Hoy, mira tu horario para el resto del mes y trata de reserva un día a la semana para practicar el *sabbat* (por cierto, "practicar" implica que aún no lo has perfeccionado, así que no esperes poder hacer todos los cambios prácticos y de mentalidad para entrar en "modo *sabbat*" si esta disciplina espiritual es nueva para ti). Si necesitas más ayuda para entender lo que significa practicar el sábado, echa un vistazo a MyDGroup.org/Resources/Mark (recuerda que son recursos en inglés) y encontrarás información adicional. Aunque nuestro enfoque en este estudio está en las maneras en que Jesús demostró el *servicio*, nos resulta útil recordar que servir y *sabbat* van de la mano; no puedes dar si tu copa está vacía.

SEMANA 3

Marcos 4-5:

La grandeza del Siervo

VERSÍCULO PARA MEMORIZAR

"Porque ni aun el Hijo del Hombre vino para ser servido, sino para servir, y para dar Su vida en rescate por muchos".

Marcos 10:45

LECTURA BÍBLICA DIARIA

Día 1: Marcos 4:1-20

Día 2: Marcos 4:21-34

Día 3: Marcos 4:35-41

Día 4: Marcos 5:1-20

Día 5: Marcos 5:21-43

Día 6: Salmos 29

Día 7: Para ponerse al día

Corresponde al Día 288 de *La sinopsis de la Biblia*

RETO SEMANAL

Ver la página 91 para más información.

DÍA 1

MARCOS 4:1-20

LEE MARCOS 4:1-20

Utilizando una vez más su púlpito flotante sobre el Mar de Galilea, Jesús predicó a una multitud utilizando el agua como el micrófono de la naturaleza. Cada persona en la orilla tenía una razón específica para estar allí; algunos estaban realmente emocionados porque Él pudiera ser el Mesías prometido, otros estaban allí solo por curiosidad y aun otros lo menospreciaban, buscando alguna forma de tenderle una trampa. Conociendo cada una de sus motivaciones, Jesús habló en parábolas para que aquellos que estaban dispuestos a aprender pudieran entender mejor el mensaje del reino.

1. **Usando un diccionario de griego o un diccionario bíblico, busca la palabra *parábola*.** Descríbela en tus propias palabras.

Después de instarlos no solo a oír sino a *escuchar*, contó una parábola sobre un sembrador que esparció semillas en diferentes lugares. Era una historia muy fácil de entender para aquellos cuya vida giraba en torno a la agricultura.

Los ejemplos prácticos del día a día que Jesús usó eran como decir: "El helado del congelador se mantuvo frío, el helado del refrigerador se ablandó, el helado sobre la encimera se derritió y el helado bajo el sol se echó a perder". Podría parecer que solo estaba diciendo cosas obvias, así que es posible que muchos solamente se fijaran en la parte superficial y se perdieran la lección.

2. ¿Alguna vez te has encontrado leyendo la Escritura de manera superficial o distrayéndote durante un sermón porque supones que ya sabes la información? ¿Qué revela esto acerca de tu actitud hacia la verdad?

Los desinteresados seguramente pensaron que era una historia sobre métodos de agricultura, una advertencia sobre los pájaros o incluso un consejo agrícola para hacerse rico rápidamente. Y Jesús dejó a la multitud antes de darles la clave de todo. Pero aquellos que tenían hambre por conocer la verdad del reino meditaron en su parábola y le hicieron más preguntas que ayudaron a desbloquear su entendimiento del reino. Jesús reiteró que solo aquellos con oídos para oír *oirían*. Les explicó a sus discípulos curiosos el propósito de su enseñanza a través de parábolas citando Isaías 6:9-10.

3. **Utilizando una herramienta de estudio bíblico, explica las diferencias entre las siguientes palabras que Jesús utilizó en el versículo 12:**

ver/percibir ______________________________

____

oír/entender ______________________________

____

Jesús dejó claro que todos los que escuchaban sus parábolas tenían dos opciones: podían escuchar realmente y aprender la verdad o hacer oídos sordos y perdérsela. La clave para entender el paralelismo con el reino estaba en lo que representaba la "semilla".

4. **Repasa 4:14.** ¿Qué esparcía el sembrador?

5. Con eso en mente, ¿qué representa la tierra?

6. Empareja el tipo de tierra con el corazón sobre el que caía la Palabra:

El camino	Un corazón que parece hambriento por la Palabra, pero que es superficial y está arraigado en otra cosa que no es la verdad; se desmorona ante las pruebas o la persecución
Un pedregal	Un corazón que recibe verdaderamente la Palabra, pero que está más interesado en la gratificación instantánea de un mundo caído que en la verdad; por lo que no produce fruto
Espinos	Un corazón transformado por la verdad de la Palabra; comparte la verdad con todas las personas que quieran escuchar
Buena tierra	Un corazón endurecido a la Palabra e incapaz de escuchar la verdad

7. ¿Cuál es la amenaza para la semilla del pedregal?

8. ¿Cuál es la amenaza para la semilla de los espinos?

9. Toma un momento para reflexionar. ¿Qué tipo de tierra representa mejor tu corazón ahora mismo?

10. Si es el camino, el pedregal o los espinos, escribe una oración breve pidiéndole a Dios que ablande tu corazón.

En su inmensa generosidad, el Sembrador esparce sus semillas sobre todo tipo de tierra, dándole a cada rincón de suelo una oportunidad para recibir la verdad. Y Dios, el Creador de la tierra, es el que puede ablandar nuestros corazones para recibir la verdad.

Vale la pena resaltar que las pruebas (el pedregal) y la abundancia (espinos) pueden asfixiar la verdad en nuestras vidas. Podemos orar pidiendo vidas fáciles, pero sin pruebas nos olvidamos que necesitamos depender de Dios. Podemos enfrentar desafíos, pero sin el alivio que se produce por conocer y confiar en Dios, nos desesperaremos. Sin embargo, cuando la verdad cae sobre corazones tiernos y listos para recibirla, ¡el evangelio persevera y da frutos que superan nuestra mayor imaginación!

DÍA 2

MARCOS 4:21-34

LEE MARCOS 4:21-34

Ayer aprendimos que Jesús hablaba a través de parábolas para explicar el reino de Dios a aquellos que estaban dispuestos a aprender, así que tiene sentido que la lectura de hoy requiera de mucha actitud de aprendizaje. Todas las parábolas tienen una clave para entender la verdad más profunda que encierran, y la clave de hoy está ligada a la parábola del sembrador. La conclusión de la parábola de ayer era que la Palabra de Dios se siembra, y en la buena tierra su verdad produce una cosecha abundante de fruto espiritual. Mantengamos esa clave en mente mientras aprendemos de la lectura de hoy.

1. **Repasa 4:21.** ¿Por qué nadie pondría una lámpara de fuego bajo una vasija o una cama?

2. ¿Cuál es el propósito práctico de una lámpara?

3. ¿Qué crees que representa la lámpara en esta parábola?

Si alguna vez has estado en un servicio de Navidad con velas, has visto una representación visual de la responsabilidad que tienen los portadores de la verdad. Una persona enciende una vela y después, una por una, van pasando el fuego hasta que todas las personas de la sala tienen una llama. A medida que se van encendiendo más velas, el lugar se vuelve más luminoso, disipando la oscuridad.

Esta es una imagen de cómo avanza el reino de Dios. Alguien que recibe la Palabra y es transformado por la verdad lo pasa a otro, que a su vez lo pasa a otro. Una lámpara no está diseñada para esconderse; precisamente su propósito es disipar la oscuridad. De la misma manera, el evangelio de Cristo debe ser hablado y compartido, expulsar la oscuridad de nuestro mundo caído con Su luz.

En 4:23-25 Jesús les recordó a aquellos que habían recibido la verdad no volverse pasivos sino esforzarse aún más por seguir aprendiendo. Esencialmente, dijo: "Cuanto más inviertan en esto, más beneficio obtendrán".

4. ¿Alguna vez has experimentado el impulso del crecimiento espiritual que te llevó a unos mejores hábitos, los cual te condujo a más crecimiento espiritual? Descríbelo.

Es fácil malinterpretar 4:25 pensando que Dios les quita la verdad a las personas, pero no es un castigo; es una advertencia. Piénsalo de este modo: si tu corazón está recibiendo la semilla (es decir, la Palabra) en buena tierra, tu vida dará fruto; y si tu vida está dando fruto, ese fruto en su *interior* también tendrá más semillas que pueden plantarse ¡y de las cuales puede crecer más fruto! Pero si tu corazón está recibiendo la Palabra en el camino, el pedregal o los espinos, ni siquiera tendrás esas primeras semillas por mucho tiempo. Sin semillas no tienes fruto. Y sin fuego no tienes luz.

La siguiente parábola de Jesús ampliaba el significado de las dos primeras.

5. **Repasa 4:26-29.** En tus propias palabras, resume lo que Jesús dijo acerca del reino.

La vida de la audiencia de Jesús giraba en torno a la agricultura. Ellos sabían que si plantabas una semilla y las condiciones eran favorables, crecería hasta la madurez y daría fruto; pero el proceso científico mediante el cual ocurría todo era en su mayoría un misterio para ellos. De la misma forma, Jesús dijo que el reino de Dios era un misterio para el entendimiento humano. Puede que no fueran capaces de ver *cómo* estaba ocurriendo el crecimiento en la tierra de la vida, pero Jesús les aseguró que, a través de su Palabra, estaba ocurriendo.

6. **Lee Isaías 55:11.** ¿Qué dice acerca de la Palabra de Dios?

7. ¿Cómo se aplica eso a esta parábola?

No siempre podemos ver lo que está ocurriendo en nuestros corazones durante nuestro propio crecimiento espiritual, pero cuando sobreabunda hasta producir fruto en forma de acción, el resultado es inconfundible. ¡Es increíble que Dios nos invite a ser portadores de fruto espiritual que alimente a otros!

8. Piensa en aquellos que conoces personalmente cuyas vidas espirituales admiras. ¿Qué tipo de fruto espiritual has visto en sus vidas?

La última parábola de Jesús de la lectura de hoy es muy muy conocida para muchos creyentes, ¡pero espero que a la luz del contexto de las tres parábolas anteriores la entiendas de una forma nueva!

9. **Repasa 4:30-32.** En tus propias palabras, resume las afirmaciones de Jesús acerca del reino de Dios.

Cuando se trata del reino de Dios, las apariencias pueden engañar. Igual que la llama, la cosecha y la semilla de mostaza, el reino está creciendo y siempre seguirá creciendo. No te desanimes si ves que el fruto no crece tan rápido como te gustaría en tu propia vida o en las vidas de los demás; el crecimiento toma tiempo. ¡Y Dios promete que Él lo está haciendo!

En 4:33 Marcos utilizó esta frase para describir a la audiencia de Jesús: "según podían oírla". Sus palabras son un desafío a humillarnos a nosotros mismos y admitir que no lo sabemos todo. Esto nos sirve de recordatorio para esforzarnos por buscar la verdad en la Palabra de Dios. Cuando lo hacemos, Dios interviene, abre nuestros ojos y nuestros oídos, y nos da lo necesario para llevar su fruto y ver crecer su reino.

Aunque Jesús habló públicamente a través de parábolas, en 4:34 nos dice que siempre se las explicaba a sus discípulos. Ese era su plan desde el principio; sus discípulos serían discípulos que hacen discípulos. Y, de la misma forma que un santuario se ilumina un poco más con cada vela que se enciende en la noche de Navidad, la verdad del reino se extendió por todo el mundo a través de esos doce. ¡Ahora nos toca a nosotros pasar la llama!

10. ¿En qué relaciones necesitas "pasar la llama" del evangelio? ¡Escribe una oración pidiéndole a Dios que abra una puerta para que esa conversación ocurra esta semana! Si no te viene nadie a la mente, escribe una oración pidiéndole a Dios que traiga a tu mente hoy al menos a una persona.

DÍA 3

MARCOS 4:35-41

LEE MARCOS 4:35-41

Para poner en contexto lo que Jesús hace en la lectura de hoy, es importante entender la ubicación. El Mar de Galilea es el lago de agua dulce más bajo de la tierra, con una superficie que se encuentra a más de 200 metros bajo el nivel del mar. Está rodeado de montañas y acantilados, otorgándole patrones meteorológicos únicos e impredecibles.

1. Haz una búsqueda en el internet del Mar de Galilea y llena los espacios en blanco en el mapa a continuación:

- Cafarnaúm
- Betsaida
- Gadara
- Región gentil
- Jerusalén
- Nazaret

Jesús había tenido un largo día de ministerio, pero en lugar de regresar a la orilla después de enseñar desde la barca, les dijo a sus discípulos que irían desde el lado oeste del lago (el lado judío) al lado este (el lado gentil) para alejarse de las multitudes.

Los historiadores calculan que su pequeña embarcación era de aproximadamente dos metros de anchura por unos veinticinco de longitud, lo cual era espacio suficiente para unos quince hombres adultos. Los laterales de la barca eran aproximadamente de un metro de altura. Por eso, cuando de repente se desató una tormenta (v. 37), ¡la olas debían ser al menos de un metro para romper por encima de las paredes de la barca! Esa no era una tormenta normal sino una tormenta *masiva*. Era tan grande, de hecho, que incluso estos pescadores experimentados y aterrorizados, temieron por su vida. Aun así, los discípulos encontraron a Jesús dormido.

2. ¿Cómo te sentirías si fueras un discípulo en esa barca?

Los discípulos de Jesús experimentaron un temor a la muerte que es muy normal, seguido rápidamente de enojo y dolor por la siesta de Jesús. El temor tiene la capacidad de enfocarnos en la supervivencia, así que en su temor los discípulos —como es natural— se enfocaron en sí mismos. Despertaron a Jesús y lo acusaron de no preocuparse por ellos.

3. ¿Por qué es irónico que los discípulos le preguntaran a Jesús: "¿No te importa que perezcamos?".

4. ¿Por qué es tan fácil perder de vista la verdad cuando tenemos miedo?

5. **Repasa 4:39.** Cuando Jesús despertó de su siesta, ¿a quién reprendió?

A. Al viento y al mar

B. A los discípulos por su temor y enojo

C. Al diablo

D. Al dios falso encargado de la meteorología

6. ¿Qué te dice esto acerca del poder de Jesús?

7. ¿Qué revela esto del corazón de Jesús?

8. Si fueras un discípulo en esa barca en medio de la tormenta, ¿cómo te hubiera hecho sentir eso?

Jesús no reprendió el temor de sus discípulos. En cambio, reprendió la *fuente* de su temor; y con solo tres palabras una tormenta severa terminó, y al instante se produjo una calma igual de impresionante. No hubo olas residuales y la barca ni siquiera se movía; solo había tranquilidad y paz.

9. **Utilizando un diccionario de griego, busca la palabra gran (que se utiliza para describir la calma en 4:39) y escribe lo que encuentres.**

Una vez se hubo ocupado de modo sobrenatural de la fuente del temor de sus discípulos, Jesús les habló de algo que era más importante que una tormenta que amenazara sus vidas: los asuntos de sus corazones. La emoción inicial de temor cuando ocurre algo que nos asusta es una parte natural de la vida, pero Jesús habló de la *respuesta* de ellos ante sus propias emociones.

10. ¿Cómo sueles responder cuando sientes temor?

11. **Repasa 4:40.** ¿Qué correlación estableció Jesús entre el temor y la fe?

12. **Lee Salmos 56:3.** ¿Qué dijo David sobre el miedo o el temor?

Al final de esta historia, los discípulos se llenaron de un gran temor y cuestionaban quién era Jesús. Esto parece contradecir las palabras que les *acababa* de dirigir acerca del temor. Pero, en el idioma original, el temor que experimentaron en la tormenta y el temor que experimentaron después de ver que Jesús la calmó eran dos palabras muy diferentes.

13. **Lee las definiciones de *atemorizados* (4:40) y *temor* (4:41) a continuación.** ¿Por qué es importante entender la diferencia entre ambas?

- Atemorizado (4:40) *deilos*: tímido, cobarde, asustado
- Temor (4:41) *phobeō*: asombrado, sorprendido

Hay un temor humano que puede hacer que huyamos de algo, y también hay un temor sobrenatural que nos invita a postrarnos rostro en tierra en adoración y acercarnos a Dios. Los discípulos habían presenciado a Jesús —siendo completamente hombre y completamente Dios— poner un final inmediato y sobrenatural a una situación que amenazaba sus vidas, y eso los dejó asombrados de estar en la presencia del santo Dios-Hombre que los servía *y también* los había salvado.

14. **Lee Lucas 5:1-8.** ¿Cuál fue la respuesta de Pedro ante la santidad de Dios?

15. **Lee Isaías 6:1-5.** ¿Cuál fue la respuesta de Isaías ante la santidad de Dios?

En la lectura de hoy vimos un despliegue de la humanidad de Jesús en su necesidad de dormir. También vimos un despliegue de su deidad en su autoridad sobre el mundo natural. Siendo totalmente Dios y totalmente hombre, Jesús es el único que puede darnos una solución para el problema del pecado que se hizo tan evidente a los discípulos después de la tormenta, a Pedro después de la pesca milagrosa y a Isaías después de ver al Señor en el templo.

16. Cuando reflexionas en la santidad de Dios y tu pecado, ¿cuál de los dos tipos de temor sientes? ¿Por qué?

DÍA 4

MARCOS 5:1-20

LEE MARCOS 5:1-20

La mayoría de las personas preferirían ser conocidas por sus dones y logros que por sus debilidades o inseguridades. Pero en la lectura de hoy, un encuentro transformador con Jesús dejó a un hombre con ganas de compartir sobre su incapacidad de arreglar sus propios problemas.

Jesús y sus discípulos acababan de pisar tierra firme cuando un hombre con un espíritu impuro (un espíritu demoniaco) corrió agresivamente hacia ellos y cayó a los pies de Jesús. Sin duda, ese era un recibimiento estremecedor a la región gentil de los gadarenos en el lado oriental del Mar de Galilea.

1. **Lee Lucas 8:27 y repasa Marcos 5:3-6.** Anota todas tus observaciones acerca del hombre con el espíritu impuro.

Sin detenerse a analizar qué tipo de mal había hecho este hombre, si tenía la culpa de su posesión demoniaca o si alguna vez había intentado poner su vida en orden, Jesús vio a una persona que sufría y que había sido creada a imagen de Dios. Jesús no permitió que la desnudez, la agresión o la fuerza sobrenatural de este hombre le impidieran a ver su humanidad y restaurarlo.

2. Cuando te encuentras con personas que tienen necesidades obvias, ¿es más probable que reacciones ante su humanidad o ante su apariencia?

Ni siquiera los discípulos de Jesús lo entendían completamente a Él (como vimos en 4:41), pero los muchos espíritus impuros que había en el hombre postrados a sus pies sabían *exactamente* quien era Jesús. Estos demonios incluso invocaron a Dios en un intento de que no les hiciera nada. Aunque los demonios creían en Dios y tenían toda la información correcta, no se rindieron a Él ni lo adoraron. Esto es un recordatorio importante de que tener toda la información correcta no es lo mismo que tener un corazón nuevo. La información no puede cambiar corazones; solo Dios puede hacer eso.

3. **Busca 5:7 en un comentario bíblico.** ¿Por qué dijo el demonio el nombre de Jesús y toda su identidad en voz alta?

Esta superstición local de tener poder sobre alguien al llamarlo por su nombre era un intento ridículo de los demonios de obtener ventaja en un enfrentamiento evidentemente desnivelado.

Cuando Jesús, en respuesta, le preguntó al espíritu impuro su nombre, el demonio le dijo un apodo descriptivo: "Legión". En términos militares romanos, una legión era una unidad de seis mil hombres, lo cual indicaba que el espíritu impuro de este hombre eran muchos demonios. El apodo era como el de un motociclista que se hace llamar "Tanque". No era su nombre, sino una descripción de quién era.

4. Piensa en la conversación entre Jesús y los demonios acerca de los cerdos. ¿Qué revela esto sobre la capacidad de Jesús? ¿Qué revela esto acerca de su corazón?

5. **Lee Juan 10:10.** ¿Cómo reflejaban los demonios en la piara de cerdos las metas Satanás?

6. ¿Por qué es importante que entendamos las estrategias del enemigo?

Aunque el hecho de saber que la autoridad de Jesús sobre las obras del enemigo es absoluta puede animarnos, pasajes como Efesios 6:10-20 alientan a los creyentes a estar alerta. Hasta que Cristo regrese, nuestro mundo sigue corrompido por el pecado y el enemigo aprovechará todas las oportunidades para robar, matar y destruir.

7. **Repasa 5:14-17.** ¿Cómo respondieron los habitantes del pueblo? ¿Te sorprende? ¿Por qué sí o por qué no?

8. ¿Te ves a ti mismo en sus respuestas?

¡El pueblo de los gadarenos parecía tenerle más miedo a un hombre libre y cuerdo que a un hombre caótico y poseído por demonios con una fuerza sobrenatural! También les importaba mucho más lo que habían perdido con la piara de cerdos que lo que había ganado el hombre que había sido hecho libre. Le rogaron a Jesús que abandonara su pueblo, y Él lo hizo.

9. ¿Por qué crees que Jesús no dejó ir con Él al hombre que había estado poseído? Y en cambio, ¿qué llamado más alto le dio Jesús en cambio?

Cuando Jesús regresó a la región de la Decápolis (Marcos 7:31-37), una multitud entera apareció para verlo. Su interés era, seguramente, un resultado directo de que este hombre había compartido la historia de Jesús. Cuando ese hombre estaba viviendo su situación más desesperada, roto y atormentado, se encontró a Aquel que podía hacerle libre no solo temporalmente, sino por la eternidad.

10. ¿Qué historia de la libertad que Dios te ha dado puedes compartir con las personas que tienes en tu vida?

DÍA 5

MARCOS 5:21-43

LEE MARCOS 5:21-43

Como oficial de la sinagoga, lo más seguro es que Jairo fuera una autoridad respetada en su comunidad; sin embargo, no tenía poder para sanar a su hija moribunda, así que le rogó a Jesús que interviniera. Cuando estaban de camino, una multitud les impidió avanzar. Es fácil imaginar que esto habría frustrado a Jairo y que podría haberse sentido aún más desesperado cuando Jesús se detuvo para preguntar quién lo había tocado. Esta pregunta era extraña por dos razones: primero, estaba en medio de una multitud, así que muchas personas lo estaban tocando. Segundo, el Dios que puede leer los pensamientos y las mentes sin duda sabía quién lo había tocado.

La mujer que lo tocó había estado enferma por tanto tiempo como la hija de Jairo había estado viva. Su necesidad era inmensa y sus acciones fueron arriesgadas, pero Jesús se detuvo para enfocarse en ella.

1. **Busca Marcos 5:25 en un comentario bíblico.** ¿Por qué la enfermedad de esta mujer era algo más que solo un problema físico?

Al ser legalmente impura, es posible que no hubiera tenido contacto humano en doce años. Había visitado a muchos médicos, pero la medicina en el primer siglo era rudimentaria, en el mejor de los casos. Su búsqueda de sanidad la había arruinado financieramente, y su dolor aumentaba. Ella sabía que solo había una forma en que podía ser curada.

2. En nuestra desesperación, todos hemos buscado esperanza y sanidad en otro lugar que no era Jesús. Enumera algunas de las cosas en las que has puesto tu esperanza y que te han llevado a más dolor y/o ruina (moral o financiera).

Es probable que hubiera escuchado acerca de Jesús de boca de su comunidad principal: otros marginados. ¿Quién era este hombre que servía incluso a aquellos que habían sido rechazados? Basándose en lo que había escuchado sobre Él (y posiblemente en alguna superstición local sobre prendas de vestir que tenían poderes especiales), ella estaba segura de que con solo tocar las borlas de su manto de oración sería sanada. Así que rompió las reglas abriéndose paso entre la multitud y tocó su ropa en fe. Al instante fue milagrosamente sanada.

3. **Busca 5:30-34 en un comentario.** Esta mujer había intentado pasar desapercibida al buscar su sanidad. ¿Por qué la pregunta de Jesús es una muestra de bondad hacia ella?

Al hacer la pregunta delante de toda la multitud, Jesús pudo decir a todos no solo que había sido sanada sino también *por qué* había sido sanada. Lo que la había sanado no era un artículo de ropa mágico; era Jesús mismo, la fuente de su fe.

A pesar de esta sanidad poderosa y llena de generosidad, hay una persona en esta multitud a la que es posible que no le conmoviera tanto esta escena.

4. ¿Qué crees que estaba pensando y sintiendo Jairo cuando se enteró de que su hija había muerto durante la conversación de Jesús con la mujer?

Aunque no podemos saberlo con seguridad, la respuesta de Jesús nos deja ver un destello de los pensamientos de Jairo. Jesús le dijo que no temiera sino que creyera. Es casi como si le estuviera diciendo: "Sé que tenías un plan, pero aunque no puedas verlo ahora, mi plan es mejor".

En la casa de Jairo, las costumbres funerarias locales estaban todas puestas en marcha. Tradicionalmente, incluso la gente pobre contrataba al menos dos plañideras cuando moría un cónyuge para aumentar el despliegue público de dolor; sin embargo, para un hombre importante como Jairo lo más probable es que hubiera muchas plañideras a mano. Su dolor pagado se volvió rápidamente en burla cuando Jesús insistió en que la niña estaba solo dormida y no muerta.

5. ¿A qué crees que se refería a Jesús cuando dijo que ella estaba dormida?

6. ¿Qué nos revela eso acerca del poder de Jesús?

Después de echar a todo el mundo excepto a los padres de la niña, Jesús dijo lo mismo que muchos padres por toda la región seguramente les habían dicho a sus hijas temprano esa mañana. Es una frase tierna que podríamos traducir como "Cariño, es hora de levantarse". Y ella lo hizo.

En cierto sentido, estas dos historias de sanidad parecen ser opuestas: la mujer era pobre y anónima, mientras que Jairo era respetado y tenía muchos recursos. La mujer no podía entrar en la comunidad mientras que Jairo era líder de la comunidad.

7. ¿Qué similitudes comparten estas dos historias?

La mujer mostró la diferencia entre simplemente chocarse con Jesús y tocarlo con fe. Jairo mostró que el plan y los tiempos de Jesús siempre son perfectos. Y, para ambos, el toque físico de Jesús produjo gran gozo porque Él es la fuente de gozo.

8. ¿Qué es lo que más te ha llamado la atención del estudio de esta semana? ¿Por qué?

9. ¿Qué has aprendido o reaprendido acerca de Dios y su carácter esta semana?

DÍA 6

SALMO CORRESPONDIENTE Y ORACIÓN

LEE SALMOS 29

1. ¿Qué correlación ves entre Salmos 29 y el estudio de esta semana sobre Jesús y su reino?

2. ¿Qué porciones de este salmo te llaman más la atención?

3. Termina haciendo esta oración en voz alta:

Padre,

Te alabo por tu poder sobre toda tu creación. Te alabo por tu santidad. Porque aún en tu santidad, escogiste entrar en una relación con la humanidad caída. Eres misericordioso con nosotros y no nos muestras la ira que merecemos. ¡Mediante la obra de tu Hijo Jesús creaste un camino para que nosotros pudiéramos ser parte de tu familia eterna! ¡Gracias!

Confieso que a veces me he apartado de ti. Algunos días he sido como el pedregal: he dudado de tu bondad cuando me he enfrentado a las pruebas. Otros días he sido como los espinos: mi corazón se ha apartado, atraído por las cosas apetecibles del mundo, y te he puesto en segundo lugar. Y a veces mi corazón simplemente se ha endurecido: me he negado a escuchar o a reconocer la verdad. Me arrepiento de las veces en que he adoptado esas actitudes malvadas. Me vuelvo a ti y te pido que ablandes la tierra de mi corazón; solo tú puedes hacerlo.

Ayúdame a escuchar y a entender. Ayúdame a ver y a percibir. Dame firmeza para que mis ojos se mantengan fijos en ti y no en mis circunstancias o en el mundo que me rodea cuando tenga tanto escasez como abundancia. Y cuando tenga miedo, ayúdame a llevar mi temor al lugar correcto, a ti, en medio de la tormenta.

Te rindo mi vida, Señor; en cada momento de mi día y en cada decisión que tome, rindo mi voluntad y mis caminos ante tu voluntad y camino perfectos.

Yo también te amo. Amén.

DÍA 7

DESCANSA, PONTE AL DÍA O PROFUNDIZA

RETO SEMANAL

En Marcos 4:40 Jesús puso el temor al lado de la fe. Nuestro enfoque debería ser crecer en la fe y reducir el poder del temor en nuestras vidas. Esta semana, aparta un tiempo en tu horario para contemplar con sinceridad al menos una fuente de temor en tu vida. Para ayudar a que tu corazón confíe en el Señor, escribe al menos una característica o atributo de Dios que demuestre su poder sobre cada fuente de temor que has anotado. Después, busca un versículo que hable de ese atributo de Dios y también anótalo.

El instinto humano de tener miedo cuando algo nos asusta o amenaza nuestra vida (sea real o percibido) es una respuesta natural. Al margen de cuál haya sido tu historia con el miedo y la ansiedad, todos podemos beneficiarnos al recordar de manera regular quién es Dios, lo cual nos ayudará a crecer en nuestra fe en Él aún en medio de nuestros temores. Él es el Dios que se acerca a ti cuando luchas con el temor.

SEMANA 4

Marcos 6:

El rechazo y la respuesta del Siervo

VERSÍCULO PARA MEMORIZAR

"Entonces llegaron a Jericó. Y cuando Él salía de Jericó con Sus discípulos y una gran multitud, un mendigo ciego *llamado* Bartimeo, el hijo de Timeo, estaba sentado junto al camino".

Marcos 10:46

LECTURA BÍBLICA DIARIA

Día 1: Marcos 6:1-6

Día 2: Marcos 6:7-13

Día 3: Marcos 6:14-29

Día 4: Marcos 6:30-44

Día 5: Marcos 6:45-56

Día 6: Salmos 73

Día 7: Para ponerse al día

Corresponde al Día 290 de *La sinopsis de la Biblia*

RETO SEMANAL

Ver la página 120 para más información.

DÍA 1

MARCOS 6:1-6

LEE MARCOS 6:1-6

Después de un tiempo ajetreado en Cafarnaúm, Jesús y sus discípulos se dirigieron a su aldea natal de Nazaret. Era una caminata de unos cuarenta kilómetros (un viaje de unos dos días) para llegar a este pueblo que tenía entre quinientas y mil personas. Pero este lugar relativamente desconocido pronto sería ampliamente conocido por su conexión con Jesús.

El sábado, Jesús apareció en la sinagoga para enseñar ante una audiencia asombrada.

1. **Repasa 6:2.** ¿Cuál fue la respuesta emocional inicial de la gente?

El relato de Lucas de esta historia añade algunos detalles que Marcos no menciona, y nos ayuda a ver este evento con mayor claridad.

2. **Lee Lucas 4:16-22.** ¿Cómo respondió la multitud cuando Jesús declaró que era el Mesías?

3. **Lee Lucas 4:23-29.** ¿Qué dijo Jesús que hizo que pasaran del asombro a la ira?

4. ¿Por qué podría haber sido eso especialmente ofensivo para esta multitud judía?

Jesús mencionó a dos de los grandes profetas de Israel que trabajaron entre los gentiles para señalar que la salvación de Dios se extendía más allá de los judíos. Para ellos era impensable que Dios diera la bienvenida a extranjeros a su familia (especialmente los gentiles que habían pasado toda su vida ignorando), y eso los enfureció. ¡Pero la gracia de Dios va más allá de lo que ellos pudieran haber imaginado!

5. ¿Hay alguien a quien te resulte difícil imaginar que Dios extiende su gracia?

En cuestión de minutos, la audiencia de Jesús en la sinagoga pasó de estar asombrada a estar ofendida, pero a Jesús no le sorprendió su respuesta. Las multitudes que conocían a Jesús y a su familia lo rechazaban a Él y a su mensaje.

6. ¿Por qué crees que Jesús no pudo hacer milagros en Nazaret? **Lee el relato paralelo de este versículo en Mateo 13:58 para recopilar información antes de dar tu respuesta.**

Algunos dicen que es posible que la fe de la gente fuera la clave para desbloquear su poder sanador, y como ellos no tenían fe, Él no tenía poder. Pero hemos visto a Jesús demostrar su poder incluso en lugares en los que las personas dudaban de Él. La realidad más probable es que las personas que necesitaban sanidad simplemente ni siquiera se acercaron a Jesús. Una pérdida trágica. Jesús nos invita a acercarnos a Él y pedirle; ¡Él tiene poder para hacer las obras milagrosas que necesitamos y deseamos!

7. ¿Qué necesidades y deseos quieres pedirle a Jesús que responda hoy?

DÍA 2

MARCOS 6:7-13

LEE MARCOS 6:7-13

¿Recuerdas cuando Jesús escogió a sus apóstoles? En la lectura de hoy, esos doce hombres entraron a un aspecto nuevo de su llamado.

1. **Repasa 3:13-19 para recordar quiénes eran estos apóstoles.** Según este pasaje, ¿cuál era el propósito de Jesús para ellos?

Hasta este punto, los apóstoles habían estado en la fase del plan de "estar con Él". Habían viajado con Jesús durante casi un año, aprendiendo de Él como parte de un elenco más amplio de discípulos. En la lectura de hoy, Jesús los llevó a la fase de "enviarlos a predicar". Debían actuar como sus representantes y desarrollar su experiencia práctica en el ministerio. Él reunió a los doce y compartió su plan antes de enviarlos, dándoles instrucciones e impartiendo el poder divino necesario para la obra que los llamaba a realizar.

2. **Repasa 6:7-11 y compáralo con la lista siguiente.** Coloca una "x" en la información falsa y pon una marca junto a la información verdadera acerca de la preparación Jesús hizo de sus discípulos.

[ ] Debían quedarse en la mayor cantidad de casas posibles en su viaje.

[ ] Fueron enviados en grupos de dos.

[ ] Él garantizó que los recibirían positivamente.

[ ] Sacudir el polvo de sus pies era una señal de aprobación.

[ ] Él les dio la capacidad de controlar las fuerzas de la naturaleza.

[ ] Se les indicó que llevaran solo una vara, sandalias y una túnica.

[ ] Les dio poder sobre los espíritus demoniacos.

Los apóstoles no tuvieron ningún problema con que Jesús los enviara en comunidad y con su autoridad, pero cuando Jesús llegó a la parte de lo que debían llevar con ellos, puede que algunas cejas se levantaran. ¡Eso sí que es viajar ligero! La lista de equipaje de Jesús habría hecho comenzar a sudar hasta al judío más minimalista. Los apóstoles debían llevar incluso menos de lo estrictamente necesario; nada de ropa de cambio, provisiones de comida, almacenaje ni dinero.

3. Aparte de cómo llevar a cabo la obra del ministerio, ¿qué crees que Jesús quería que experimentaran y aprendieran?

Al indicarles a los apóstoles que llevaran *menos* cosas con ellos, Jesús creó una oportunidad para que confiaran *más* en Dios. Su dependencia de sí mismos les fue arrebatada. Al emprender su viaje, se enfrentarían a los desafíos de caminar en fe y llegarían a conocer el privilegio de ver la provisión de Dios.

Pero más allá de la corta lista de equipaje, es posible que el hecho de saber que enfrentarían oposición en su ministerio los descolocara. Cuando Jesús les dijo que sacudieran el polvo de sus pies en cualquier lugar donde se negaran a escuchar su mensaje, estaba insinuando que sufrirían rechazo. Cada experiencia que los apóstoles tenían con Jesús era parte de su preparación. Ellos lo habían visto buscar y servir a los más humildes y a los perdidos. Habían visto el despliegue de su poder. Habían experimentado el gozo y la gratitud de aquellos que habían sido sanados. Pero también habían visto a Jesús ser rechazado, cuestionado y acusado.

Tiene sentido que los apóstoles fueran enviados justo después del recibimiento no tan ideal que Jesús tuvo en Nazaret. Él les mostró cómo perseverar al proclamar la verdad. El rechazo no intimidó a Jesús ni retrasó su progreso; sabía que aunque muchos dudarían, también muchos creerían. Los apóstoles habían sido llamados a seguir su ejemplo y a avanzar con una conciencia limpia sabiendo que habían sido fieles a su llamado, incluso cuando las cosas no fueran como esperaban.

4. **Repasa 6:12-13.** Después de recibir las instrucciones de Jesús, ¿qué hicieron los apóstoles?

5. ¿Cuál era su mensaje para la gente?

6. **Lee 1:4 y 1:14-15.** ¿Quién más compartió este mensaje?

Los apóstoles no se quedaron por ahí esperando cuando Jesús los envió. ¡Ellos fueron! Enseñaron lo que Él enseñaba e hicieron lo que Él hizo. Predicaron el mensaje de arrepentimiento, invitando a las personas a apartarse del pecado y acercarse a Dios. Por el camino llevaron sanidad y esperanza a muchos que estaban enfermos y quebrantados. ¡Su obediencia produjo un impacto importante para el reino!

Aunque no somos parte de los doce apóstoles originales, todos somos enviados con su autoridad a nuestras esferas de influencia para llevar las buenas noticias y hacer buenas obras como representantes de su reino. La realidad del rechazo y la oposición está igual de presente que para los apóstoles, pero también lo está la oportunidad de ser parte de la obra transformadora y eterna de Dios en las vidas de los demás.

7. ¿El temor a lo desconocido o el temor a cómo serás recibido te ha impedido dar un paso de fe para compartir el evangelio o ministrar a otros? Si es así, describe cómo te ha influido eso.

Dios te puede equipar con todo lo que necesitas para extender las buenas noticias de Jesús incluso cuando sientas que tienes muy poco de lo que necesitas o cuando enfrentes oposición, igual que lo hizo con los apóstoles. Pídele que aumente tu confianza *en Él* a la luz de esos temores. ¡Pídele que siga enseñándote cómo ser su embajador fiel allá donde vayas!

DÍA 3

MARCOS 6:14-29

LEE MARCOS 6:14-29

Marcos interrumpe el relato de los viajes de los apóstoles con una actualización sobre JEB, que fue arrestado en el versículo 1:14. En la lectura de hoy vemos detalles con respecto a su encarcelamiento y aprendemos que este fiel precursor de Jesús terminó su ministerio como mártir a manos de Herodes.

Herodes Antipas (el "rey" Herodes en nuestra lectura) no era realmente un rey. Era un gobernante del Imperio romano durante el ministerio de Jesús, pero su título real era tetrarca. La primera vez que aparece en Marcos es en relación con la ejecución de JEB, y la próxima vez que leeremos algo sobre él es por el papel que jugó en la crucifixión de Jesús.

1. **Haz una búsqueda en el internet sobre Herodes Antipas y su familia para ayudarte a responder las siguientes preguntas.**

¿De quién fue sucesor?

¿Qué relevancia tuvo en la cronología de la vida de Jesús? (Pista: ver Mateo 2:1-18).

Como tetrarca, ¿sobre cuánta parte de la división política de Judea fue puesto Herodes Antipas?

¿Sobre qué región gobernaba Herodes Antipas?

A medida que Jesús aumentó en popularidad, también lo hicieron las murmuraciones acerca de su identidad. Las multitudes tenían una confusión bastante grande acerca de quién era Él. Su ministerio conectaba de manera extraña con algunas profecías de Elías y recordaba al pueblo a los antiguos profetas. Las conversaciones sobre Jesús y su poder milagroso habían llegado hasta Herodes, el cual estaba convencido de que Jesús era una reencarnación de JEB, el hombre al que había matado.

2. **Utiliza el siguiente diagrama de Venn para comparar y contrastar las vidas y ministerios de Jesús y JEB.** Basándote en lo que sabemos de la experiencia de Herodes con JEB, ¿qué similitudes crees que hubieran llevado a la confusión de Herodes con respecto a la identidad de Jesús?

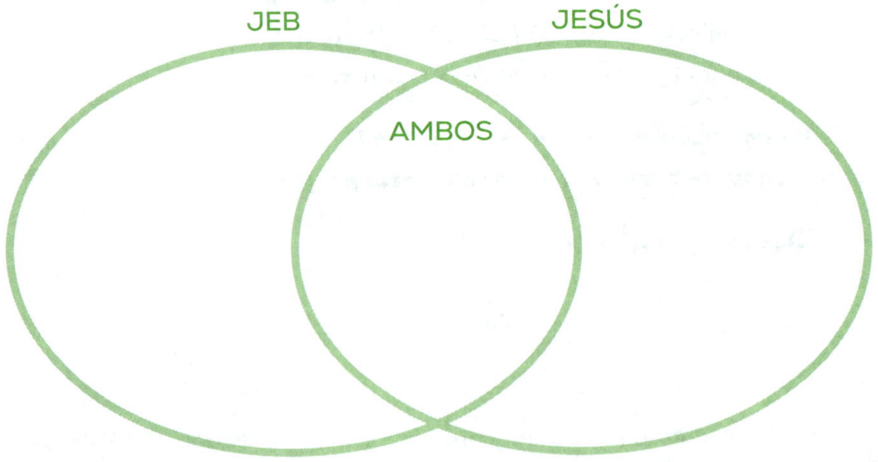

JEB, igual que Jesús, había predicado un mensaje firme de arrepentimiento y perdón de pecados, y eso habría chocado a muchos, incluyendo a Herodes. No tuvo muchos más encuentros con este tipo de enseñanzas, así que cuando escuchó acerca de Jesús, un profeta que enseñaba sobre el reino de Dios de una forma nueva, habría sido fácil asociarlo con JEB. También es posible que la conciencia culpable de Herodes por la muerte de JEB contribuyera a su confusión sobre la identidad de Jesús.

3. **Repasa 6:17-20 y empareja las personas con las descripciones.**

Sufrió por ser fiel a la verdad	
Su hermano le robó a su esposa	Herodes
Fue confrontado con la realidad del pecado y sintió convicción	Herodías
Fue confrontado con la realidad del pecado y se ofendió	Felipe
Repudiaba la justicia y quería vengarse	Juan
Reconoció la justicia y quería hacer su parte	

JEB fue encarcelado cuando señaló valientemente el pecado de una pareja hambrienta de poder: Herodes y Herodías. Su matrimonio era tanto incestuoso como adúltero, pero JEB no tenía reparo en reprender a la realeza y a los ricos. Herodías estaba especialmente molesta. Dada la influencia de JEB, las verdades que estaba declarando eran una amenaza para la reputación y el poder de ella y de su esposo.

Casi dos años después, JEB seguía encarcelado, Herodías seguía con rencor, y Herodes celebraba una gran fiesta de cumpleaños para sí mismo. Hombres de estatus e influencia de toda Galilea asistieron a la celebración, y seguramente Herodes no escatimó en gastos. Como parte del entretenimiento, la hija de Herodías hizo un baile para la multitud que seguramente estaba bastante lejos de ser apto para todos los públicos. El estilo de baile típico en ese tipo de eventos era más parecido a un *striptease* que a un recital de taconeo. Herodes estuvo encantado con la producción de su sobrina (que ahora era su hijastra), y en un intento de sorprender a sus invitados y ganarse su aprobación, le hizo a la muchacha una promesa desmesurada de la que pronto se arrepentiría.

4. En tus propias palabras, describe lo que ocurrió en 6:23-29.

La promesa de Herodes de dar hasta la mitad de su reino no era literal. Era una manera de hablar de aquel tiempo que su hija, su esposa y sus invitados habrían interpretado como que estaba dispuesto a dar un regalo de increíble valor. Herodías aprovechó la oportunidad para usar la estupidez de su esposo y satisfacer su deseo de venganza, utilizando a su hija como peón en el plan. Y Herodías consiguió lo que quería: una ejecución pública y extravagante de JEB. El precursor de Jesús murió por decapitación y su cabeza fue entregada a Herodías en una bandeja de plata.

5. ¿Qué revela sobre su corazón el hecho de que Herodías escogiera la decapitación de JEB por encima de regalos materiales extravagantes?

En este relato vemos a los tres personajes principales (JEB, Herodías y Herodes Antipas) impulsados por la motivación de lo que más les importaba a cada uno. Herodías estaba tan controlada por su pecado, que estuvo dispuesta a matar a alguien que lo señaló. Herodes estaba tan preocupado por su reputación y consumido por su miedo, que se acobardaba cada vez que tenía la oportunidad de hacer lo correcto. Y JEB estaba tan comprometido con vivir para el reino de Dios y la verdad, que estuvo dispuesto a morir por ello.

La motivación de JEB al confrontar el pecado que vio en las vidas de Herodes y su esposa era llamarlos al arrepentimiento, no solo señalarlos por lo que hacían mal. Les dijo cosas difíciles de escuchar, pero por el bien de sus corazones. Herodías y Herodes habían pecado de manera extravagante, pero no estaban fuera del alcance de la gracia de Dios.

El mensaje por el cual JEB murió en su compromiso de proclamar, es el mensaje por el que Jesús moriría en Su compromiso de cumplir. ¡Por la obra terminada de Jesús en la cruz podemos soltar el pecado que nos controla y aferrarnos al perdón que Él puso a nuestra disposición!

DÍA 4

MARCOS 6:30-44

LEE MARCOS 6:30-44

Cuando los doce discípulos ("aprendices, seguidores") que Jesús envió como apóstoles ("mensajeros") regresaron, le contaron todo lo que habían dicho y hecho en su misión. Las multitudes los rodeaban mientras hablaban, y estaban ocurriendo tantas cosas que ni siquiera tenían tiempo para sentarse a comer. En medio de este caos, Jesús les asignó su próxima tarea.

1. **Repasa 6:31.** Desglosa las instrucciones de Jesús en cada una de estas categorías.

¿Quién?

¿Qué?

¿Cuándo?

¿Dónde?

¿Por qué?

¿Cómo?

2. ¿Qué nos dicen el contexto y los detalles de la orden de Jesús sobre lo que Él considera importante?

Jesús podría haberles dicho a los discípulos que hicieran muchas cosas en muchos lugares por muchas razones diferentes, pero lo primero que los llamó a hacer después de regresar de ministrar fue descansar. En su humanidad, Jesús entendía el cansancio que produciría en sus mentes, cuerpos y espíritus, desgastarse en el servicio a los demás. Él los había guiado al trabajo importante que habían llevado a cabo, y ahora los estaba guiando al descanso que necesitaban, que era igualmente importante.

Mientras Jesús y los discípulos estaban en una barca de camino a descansar, se corrió la voz de hacia dónde se dirigían. Cuando llegaron a la orilla, su lugar apartado de la gente estaba lleno de más personas desesperadas que habían corrido hasta allí buscando la oportunidad de estar en la presencia de Dios. No era un grupo pequeño. Eran miles de personas necesitadas que seguían a Jesús y suplicaban su ayuda. A pesar de su deseo de retirarse a un lugar tranquilo, Él tuvo compasión de ellos.

3. A veces nos perdemos las riquezas de las palabras que nos resultan familiares porque suponemos que ya sabemos lo que significan. Sumerjámonos en la palabra *compasión*. Primero, escribe tu propia definición de compasión.

4. **Ahora busca *compasión* en un diccionario.**

5. **Por último, usa un diccionario de griego para encontrar la palabra exacta que hace referencia a la compasión de Jesús en 6:34.** Resume su significado.

Splagchnizomai, la palabra griega que se utiliza aquí para compasión, aparece doce veces en el Nuevo Testamento y solo se usa para hacer referencia a Jesús o a alguien en una parábola que lo representa. Jesús literalmente sentía el dolor de las multitudes. Miraba a las masas y veía ovejas sin pastor; eran como animales vulnerables y hambrientos que no podían alimentarse a sí mismos, indefensos ante el peligro.

6. La imagen de las ovejas y el pastor aparece a lo largo del Antiguo Testamento haciendo referencia a Israel y sus líderes espirituales. **Lee los siguientes pasajes del Antiguo Testamento.** Bajo cada uno, escribe tus observaciones sobre las situaciones de las ovejas y la identidad de los pastores.

Ezequiel 34:1-10

Ezequiel 34:23-24

Zacarías 10:1-3

Isaías 40:10-11

Miqueas 5:2-4

7. ¿Ves alguna temática importante?

Jesús abordó la situación con la actitud del buen pastor. Él sintió las necesidades de la gente y fue lo más compasivo que pudo para servirles; les enseñó.

8. ¿Por qué compartir la Palabra de Dios es uno de los actos de servicio más bondadosos que podemos ofrecer?

9. ¿Por qué beneficia y bendice a creyentes y no creyentes por igual?

Jesús podría haber salido a recibir a las multitudes gritando: "¿Quién necesita sanidad, dinero o un milagro?", y miles de personas habrían saltado de alegría levantando las manos. Pero Jesús sabía que, más que nada, necesitaban entender quién era Él y lo que había venido a hacer.

Jesús priorizó lo espiritual, pero no ignoró lo físico, emocional o material. Vimos esto desarrollarse cuando se hizo tarde y los discípulos señalaron que los estómagos de las personas empezaban a rugir.. Para dar contexto, en la multitud había cinco mil hombres *con sus familias*: unas 15 000 bocas que alimentar. Los discípulos sugirieron a Jesús que despidiera a la gente para que fueran a buscar comida, pero la solución de Jesús fue que los discípulos les dieran algo de comer.

10. Jesús y los discípulos tenían diferentes puntos de vista acerca de la misma situación. ¿Qué información alimentaba la perspectiva de cada uno? ¿Qué obstáculos y oportunidades podrían tener en mente?

Discípulos	Jesús
Punto de vista:	Punto de vista:
Obstáculos/oportunidades:	Obstáculos/oportunidades:

Siguiendo las instrucciones de Jesús, los discípulos hicieron inventario de lo que tenían a mano y regresaron con un reporte de cinco míseros panes y dos peces. Sin inmutarse, Jesús organizó a la multitud, bendijo la comida, partió los panes y entregó la comida a los discípulos para que la distribuyeran entre la gente. Yendo de grupo en grupo, a los discípulos nunca se les agotaron los alimentos. Todas las personas comieron hasta que estuvieron satisfechas.

Acababa de ocurrir algo que momentos antes los discípulos ni siquiera hubieran podido imaginar. Jesús había suplido todo lo que necesitaban para llevar a cabo lo que Él les había llamado a hacer. Y cada uno de los doce hombres tenía una cesta llena de sobras como recordatorio tangible de que Jesús tenía autoridad sobre la naturaleza *y* que ellos le importaban de verdad.

Sin Jesús, los apóstoles no hubieran podido servir a las multitudes espiritualmente o físicamente. No tenían los ojos para discernir las necesidades o el poder para proveer para esas necesidades como hizo Jesús. Pero, como estaban con Él, ¡eran parte de algo asombroso! Incluso con nuestras limitaciones, Dios nos invita a ser parte de su misión. A Él le encanta usar a personas comunes y corrientes. Cuando nos ofrecemos voluntariamente a ser usados para su gloria y para el bien de los demás, Él puede hacer más de lo que podemos imaginar en nosotros y a través de nosotros.

11. Cuando piensas en tus recursos (tiempo, energía, dinero, dones, habilidades, etc.), ¿en qué áreas te ves tentado a sentir escasez, lo cual te impide confiar en Dios o servir a los demás?

Termina el día de hoy escribiendo una breve oración dándole gracias a Dios por lo que Él te ha dado, aún en las áreas en las que no parece mucho. Pídele que te recuerde quién es Él y que te muestre cómo puede obrar en medio de lo que a ti te parecen debilidades, deficiencias o necesidades para que Él sea glorificado y otros sean bendecidos.

DÍA 5

MARCOS 6:45-56

LEE MARCOS 6:45-56

El enfoque principal del ministerio de Jesús era conseguir que las personas entendieran realidades espirituales eternas, pero la mayoría de las personas que lo seguían y buscaban, finalmente estaban atrapadas en patrones de pensamiento temporales.

Había sido un día largo de ministrar a las multitudes cerca de Cafarnaúm, y ya estaban terminando en ese lado judío del Mar de Galilea. Jesús les dijo a los discípulos que se adelantaran a Betsaida, en el lado oriental, mientras Él despedía a las multitudes.

1. Consultando el mapa siguiente, fíjate en lo cerca que está Cafarnaúm de Betsaida.

Cuando todos se marcharon, Jesús subió a un monte para orar. Vimos a Jesús apartarse para orar en Marcos 1, y seguiremos viendo este ritmo en su vida. Antes de tomar decisiones importantes, durante momentos intensos e incluso después del caos emocionante que rodeó sus milagros en la lectura de hoy, Jesús valoraba pasar tiempo con Dios el Padre, y separaba tiempo intencionalmente para estar a solas con Él.

2. Cuando se trata de pasar tiempo con Dios meditando u orando, ¿cuál es tu ritmo regular?

3. Escribe al menos una cosa que puedes ganar al pasar tiempo con Dios meditando u orando, y que sea diferente a lo que puedes ganar a través del estudio bíblico y el servicio.

4. ¿De qué forma práctica puedes dar un paso hacia priorizar el tiempo con Dios en oración o en meditación esta semana?

Mientras Jesús descansaba en la presencia de su Padre, los discípulos estaban pasando un momento difícil en el mar. Un viento recio se levantó contra ellos, y por mucho que *remaban*, no *avanzaban*. Habían escuchado las instrucciones de Jesús cuando les dijo que cruzaran al otro lado, pero ahora estaban en una situación difícil y Él no estaba ahí para ayudarlos.

5. Obedecer a Dios no siempre significa navegar pacíficamente por las circunstancias de nuestras vidas. ¿A qué promesas de la Escritura puedes aferrarte en situaciones difíciles cuando no entiendes lo que Dios está haciendo? **(Utiliza una herramienta de estudio bíblico o haz una búsqueda en el internet si necesitas ayuda).**

Jesús no estaba físicamente con los discípulos, pero no se había olvidado de ellos, no había fallado ni tampoco los había abandonado. Él los vio sobre las aguas turbulentas y salió a su encuentro a pie.

Cuando lees la Biblia, no es esencial saber cómo se manejaban las horas del día, pero te puede ayudar para tener un contexto más amplio. Investiga las horas de vigilia nocturna romanas utilizando una herramienta de estudio bíblico y estima la hora de los acontecimientos que se especifican en este relato.[2]

6. ¿A qué hora o marco de tiempo se hace referencia en 6:47? ¿A qué hora equivale en nuestro sistema horario moderno?

7. ¿A qué hora o marco de tiempo se hace referencia en 6:48? ¿A qué hora equivale en nuestro sistema horario moderno?

2. Carolyn Hurst tiene un gráfico útil en https://www.passiontoknowmore.com/post/2016-1-19-what-hour-is-that.

es lo mejor que podemos experimentar porque nos coloca en una relación correcta con Él, ¡y Él es la fuente de gozo!

14. ¿Qué es lo que más te ha llamado la atención del estudio de esta semana? ¿Por qué?

15. ¿Qué has aprendido o reaprendido acerca de Dios y su carácter esta semana?

DÍA 6

SALMO CORRESPONDIENTE Y ORACIÓN

LEE SALMOS 73

1. ¿Qué correlación ves entre Salmos 73 y el estudio de esta semana sobre Jesús y su reino?

2. ¿Qué porciones de este salmo te llaman más la atención?

3. Termina haciendo esta oración en voz alta:

Padre,

¡Qué bueno eres! Te alabo por tu corazón compasivo. Has bendecido a toda la creación, y estoy agradecido no solo de ser criatura tuya sino también tu hijo. Gracias por la obra terminada de tu Hijo Jesús.

Confieso que he ignorado tu bondad y compasión. En ocasiones he envidiado a los malvados: su vida fácil o la abundancia que han obtenido haciendo el mal. He hecho de la prosperidad un marcador de tu bondad y me he enojado o frustrado contigo cuando no he recibido las cosas que pensaba que mi obediencia me había hecho ganar. Por esa actitud egoísta, a veces me ha costado mostrar gracia a los demás. Me arrepiento de no amar bien a los demás. Me arrepiento de tratar la obediencia como un premio que puedo intercambiar por la vida que esperaba.

Gracias por darme ojos para ver la verdad: tu santidad y bondad, tu sabiduría y belleza. Ayúdame a valorarte por encima de todo lo demás. Ayúdame a entender las realidades eternas a las que Jesús apuntó tantas veces. Mantenme cerca de ti y haz que te preste atención todos mis días. Ayúdame a ir donde tú me mandes y a hacer lo que me has llamado a hacer, como los discípulos. Aumenta mi compasión por aquellos con los que me encuentre para que pueda parecerme más a tu Hijo Jesús y servirlos como Él lo hizo. Tú eres el autor y perfeccionador de mi fe, así que dame la fe que necesitaré para cada paso de ese proceso.

Te rindo mi vida, Señor; en cada momento de mi día y en cada decisión que tome, rindo mi voluntad y mis caminos ante tu voluntad y camino perfectos.

Yo también te amo. Amén.

DESCANSA, PONTE AL DÍA O PROFUNDIZA

RETO SEMANAL

La historia de Herodes y JEB nos muestra que Dios a menudo nos sirve en amor utilizando a otros para que hablen palabras de corrección a nuestras vidas. El Espíritu Santo puede utilizar las palabras de otras personas para darnos convicción y arrepentimiento. Esas dos cosas son regalos que nos ayudan a seguir a Dios más de cerca y experimentarlo más plenamente; sin embargo, nuestro orgullo puede impedirnos recibir incluso las cosas verdaderas que personas de confianza nos señalan. Para atestar un golpe a nuestro orgullo, podemos escuchar con humildad para aprender lo que Dios quiera enseñarnos. Podemos practicar recibiendo con gratitud los regalos de la convicción y el arrepentimiento, ¡abriéndonos a nosotros mismos a la corrección y al crecimiento!

Esta semana habla con otro seguidor de Jesús que respetes y en quien confíes, y que te conozca bien. Pídele que piense en las cosas que sabe de ti porque te conoce, y que considere en oración si ve alguna luz roja (pecado, directamente) o luz amarilla (rasgos preocupantes) en tu vida. Pídele que lo comparta contigo en algún momento de la semana. Procesa en oración lo que te diga y pídele a Dios que te ayude a responder correctamente. (*Una advertencia: la persona con la que hables podría no discernir bien tus acciones o tus motivaciones, así que esta no es una llamada a recibir sus palabras como verdad absoluta, sino a perseguir el crecimiento y la humildad buscando la corrección de los demás).*

VERSÍCULO PARA MEMORIZAR

"Cuando oyó que era Jesús el Nazareno, comenzó a gritar y a decir: «¡Jesús, Hijo de David, ten misericordia de mí!»".

Marcos 10:47

SEMANA 5

Marcos 7-8:

La ley del Siervo

LECTURA BÍBLICA DIARIA

Día 1: Marcos 7:1-23

Día 2: Marcos 7:24-37

Día 3: Marcos 8:1-10

Día 4: Marcos 8:11-26

Día 5: Marcos 8:27-38

Día 6: Salmos 51

Día 7: Para ponerse al día

Corresponde a los Días 292-293 de *La sinopsis de la Biblia*

RETO SEMANAL

Ver la página 144 para más información.

DÍA 1

MARCOS 7:1-23

LEE MARCOS 7:1-23

En la lectura de hoy, unos fariseos y escribas se acercaron a Jesús. Habían viajado de Jerusalén a Galilea (unos 130 kilómetros) para acusar a Jesús y a sus discípulos de quebrantar la ley. Era un viaje entre ocho y diez días solo para reprender a un rabino rural y su pequeño grupo de seguidores.

Los fariseos se enorgullecían de guardar lo que Dios había ordenado, pero habían añadido una infinidad de normas extra de su propia cosecha que hacían que la vida fuera innecesariamente más complicada para todos. Tomaron los mandamientos y las leyes de la Escritura y "construyeron una valla" alrededor de esas leyes para asegurarse de que nadie ni siquiera se acercara a romperlas. Esta valla era a lo que Jesús se refería cuando hablaba de "tradiciones". Por ejemplo, si la ley de Dios decía que el límite de velocidad era de 100 kilómetros por hora, ellos construían su valla en los 80 kilómetros por hora y le ponían multas a la gente que conducía a 90. Utilizando esta misma analogía, Jesús a menudo conducía intencionalmente a 90 kilómetros por hora y recalcaba que no estaba rompiendo *la ley de Dios*; estaba rompiendo *sus tradiciones*. Para decirlo de manera clara, las leyes habían sido creadas por Dios y las tradiciones por los hombres.

1. **Repasa 7:1-13.** ¿Cuántas veces utilizó Jesús la palabra *tradición*?

Lo único que a estos tipos les gustaba, más que inventarse normas, era asegurarse de que se cumplieran. Lo que comenzó como una buena tarea (no querer quebrantar la ley de Dios) se convirtió en legalismo, orgullo y opresión. Según los fariseos, los judíos debían lavar no solo sus manos sino también sus vasos, ollas, cuencos y demás. Cuando se acercaron a Jesús, Él estaba comiendo con sus discípulos y algunos de ellos no se habían lavado las manos antes de la comida.

2. **Lee Éxodo 30:17-21.** ¿Cuáles son los requisitos para el lavado de manos en los mandamientos de Dios?

Los fariseos pensaban que si los sacerdotes debían lavar sus manos y sus pies antes de entrar al tabernáculo, entonces todos los judíos deberían lavar sus manos antes de comer cualquier cosa, por si acaso. Pero eso no estaba en la ley de Dios; esa era simplemente su manera de *hacer cumplir* la ley de Dios. En el versículo 7:8 Jesús los reprendió y dijo: "Dejando el mandamiento de Dios, ustedes se aferran a la tradición de los hombres". Jesús sabía que a los fariseos les importaba más *verse* santos que lo que significaba *ser* santos. Incluso se habían atrevido a cancelar algunas de las leyes de Dios con otras leyes propias que eran más convenientes para ellos. Eso les permitía mantener una buena reputación mientras seguían haciendo lo que querían.

3. ¿Puedes poner un ejemplo moderno de una tradición o norma que está reñida con una ley?

4. ¿Qué tradiciones o normas has creado en tu propio caminar cristiano que no se encuentran en la Escritura?

Después de reprender a los fariseos por sus rituales previos a la comida, los reprendió también por la comida en sí. No solo las manos sucias *no* los contaminarían, sino que tampoco lo haría la comida que comieran. En la ley judía había varias comidas que hacían a una persona "impura", pero Jesús (sabiendo que había venido a cumplir todas las leyes de purificación) dijo que no había nada que pudieras comer que te contaminara. ¡Esto habría sido muy impactante para sus oyentes que habían hecho tanto esfuerzo por guardar las leyes de la comida! Dijo que las cosas que entraran a su boca no los contaminarían, sino las cosas que salieran de su boca; sus palabras revelaban sus corazones, y Dios siempre busca la pureza del corazón.

5. **Lee Jeremías 17:9-10 y Mateo 12:33-34.** ¿Qué dicen estos pasajes acerca de nuestros corazones?

6. **Repasa la lista de pensamientos y acciones en 7:21-22.** Enumera los tres pensamientos o acciones con los que más batallas.

7. Pon un ejemplo de cómo ha aparecido alguno de estos pensamientos o acciones en tu vida esta semana.

8. **Utiliza una herramienta de estudio bíblico para buscar cada pensamiento o acción que anotaste arriba.** Escribe un versículo que pueda animarte y fortalecerte cuando enfrentes cada una de esas dificultades.

Es fácil perderse con tantas cosas que creemos que Dios quiere que hagamos y no hagamos. La buena noticia es que no depende de nosotros cambiar nuestros corazones. Efesios 2:8-9 dice que hemos sido salvos por gracia, no como resultado de nuestros esfuerzos. Somos salvos y entramos a una relación con Dios por su gracia (favor inmerecido) hacia nosotros a través de la obra terminada de Cristo. Con Jesús, ya no importa si comes las comidas correctas, te lavas las manos de la forma correcta o tienes la apariencia de un seguidor "perfecto" de Cristo. Jesús sabía que nunca podríamos guardar la ley a la perfección, así que Él vino para cumplir la ley a la perfección en nuestro nombre. Cuando entramos a una relación con Jesús, somos hechos libres de la ley. Cuando lo vemos a Él claramente, ¡podemos vivir desde un fundamento de amor y no de normas!

DÍA 2

MARCOS 7:24-37

LEE MARCOS 7:24-37

En la lectura de hoy, Jesús abandonó la región de Galilea y se dirigió al norte hacia Tiro y Sidón, una región predominantemente gentil. Aunque los judíos solían evitar entrar a zonas gentiles, Jesús no solo fue sino que además interactuó con una mujer sirofenicia (gentil) que lo detuvo para pedir ayuda. Ella le habló acerca de su hija que estaba poseída por un demonio y le rogó que la sanara.

1. **Lee Mateo 15:21-28.** En la versión de Mateo de esta historia, ¿cómo respondieron los discípulos a la mujer?

¿Alguna vez te ha molestado que alguien pida ayuda? ¿Alguna vez has preferido evitarlo o ignorarlo? Así es como se sintieron los discípulos. Dios originalmente había llamado al pueblo judío a apartarse de los gentiles no porque fueran mejores que ellos, sino porque los gentiles adoraban a otros dioses y a los judíos les tentaba la idea de casarse con ellos y adoptar sus dioses falsos. Pero, con el tiempo, esta técnica de santidad se transformó en una visión de los gentiles como ciudadanos de segunda categoría, y a menudo se referían a ellos como perros.

A primera vista, la respuesta de Jesús a la petición de la mujer podría parecer cruel, pero Él creó una metáfora que describía las prioridades de su ministerio y la utilizó para enseñar a sus discípulos. Cuando Jesús mencionó lo de tirar el pan de los hijos a los perrillos, no utilizó la palabra estándar que era despectiva. En su lugar, utilizó una versión cariñosa de la palabra, la que se usaba para referirse a una mascota muy querida y no una molestia callejera. Sus palabras construyeron un puente: eran una forma sutil de hablar de una relación diferente a la que los judíos solían tener con los gentiles. Y Jesús se arriesgó todavía más, dando pasos para cruzar ese puente.

Aunque ella era gentil, Jesús decidió detenerse con ella en contra de la voluntad de los discípulos. Entabló una conversación con ella aun aunque reconoció que su misión principal era para el pueblo de Israel. Jesús solía poner a prueba a la gente con desafíos como este para ayudarles a demostrar sus intenciones. Y la mujer no dudó. Demostró que no solo entendía lo que Jesús estaba diciendo, sino que también tenía la convicción y la fe para pedirle ayuda de todos modos. Hubiera sido fácil para ella suponer que la respuesta sería no, pero insistió. Jesús reconoció y recompensó su fe, sanando inmediatamente a su hija.

2. ¿Te acercas a Dios confiadamente con tus peticiones? ¿Por qué sí o por qué no?

3. ¿En qué sentido desafía esto tu propia fe?

Jesús regresó a casa después de su interacción con esta mujer sirofenicia. No hay reporte de que hablara con nadie más mientras estuvo allí. Es posible que Él y sus seguidores hicieran ese viaje de cuatro días de ida y regreso solo por ella y su hija.

Cuando regresaron a Galilea, un grupo se acercó a Jesús rogándole que sanara a un hombre que era sordo y no podía hablar bien. Jesús apartó al hombre, puso sus dedos en sus oídos y tocó su lengua, ordenando a sus oídos y su boca que se abrieran. Esta es la única vez que Jesús sanó a alguien de esta forma, y es la única vez que la palabra *effatá* aparece en la Biblia. Jesús no tenía un guion a la hora de sanar a la gente… sus milagros no seguían ningún patrón.

4. **Busca los siguientes pasajes y empareéjalos con el método de Jesús para sanar.**

Mateo 12:13	escupió en el suelo e hizo barro
Lucas 13:10-13	habló
Juan 9:6-7	impuso las manos

Las diferentes formas en que Jesús decidió sanar muestran que su poder no depende de palabras especiales o de una rutina. Nadie podía recrearlo copiándole. Siendo completamente Dios, solo Él tiene la autoridad absoluta para sanar y cambiar vidas.

Después de sanar al hombre, Jesús le pidió al grupo que no se lo dijeran a nadie. Sin embargo, no pudieron contener su emoción e inmediatamente corrieron la voz acerca de Jesús y sus prodigios. ¡El hombre que había tenido un impedimento en el habla ahora utilizaba su voz para ser evangelista por la forma en que Jesús lo sirvió!

5. ¿Cuándo fue la última vez que estabas tan emocionado por tu fe que no pudiste evitar compartirla?

Si no pensaste en ninguna ocasión específica, ¡pídele a Dios que te dé esa oportunidad esta semana!

DÍA 3

MARCOS 8:1-10

LEE MARCOS 8:1-10

La lectura de hoy no lo deja claro inmediatamente, pero Jesús y sus discípulos estaban de nuevo en una región gentil. La multitud lo había seguido durante tres días y se habían quedado sin comida. Algunas de las personas estaban muy lejos de sus casas y, por supuesto, en ese tiempo no había restaurantes o mercados que abrieran hasta tarde. Tampoco había gasolineras donde pudieran comprar algo de comer. Si no tenían nada con ellos, lo más probable es que no comieran hasta que llegaran a su casa, lo cual podría suponer un par de días.

Jesús tuvo compasión de ellos y decidió proveer en lugar de despedirlos. Los discípulos estaban escépticos de poder dar de comer a una multitud tan grande a pesar de haberle ayudado a alimentar a los cinco mil hacía no mucho tiempo. Eran testigos directos de milagros y aun así necesitaban recordar *a menudo* el poder de Jesús en sus vidas; se les olvidaban rápidamente todas las maneras en que lo habían visto obrar.

1. ¿Cuándo (o en qué áreas de tu vida) tiendes a dudar de la provisión de Dios?

2. ¿De qué maneras has visto a Dios proveer en el pasado? Describe al menos una situación. ¿En qué sentido te da confianza eso en medio de tus circunstancias actuales?

Jesús reunió comida de la despensa personal de los discípulos y encontró siete panes y unos cuantos peces secos pequeños. En los tiempos de Jesús, los panes eran del tamaño de una tarta pequeña; lo justo para una sola comida. Lo que tenían no era suficiente ni siquiera para alimentarse Él y los discípulos, y mucho menos una multitud de cuatro mil. Él dio gracias a Dios por los panes y bendijo los peces antes de distribuir ambos entre la multitud. Hubo más que suficiente para todos, e incluso recogieron siete cestas de sobras. ¡Jesús proveyó todo lo que necesitaban y más!

3. El número siete aparece dos veces en esta historia: siete panes y siete cestas de sobras. Utilizando una **herramienta de estudio bíblico para investigar, describe lo que representaba el número siete en el antiguo judaísmo.**

No es casualidad que Jesús utilizara el pan de los discípulos para proveer para esta multitud gigantesca de gentiles. Jesús les mostraba constantemente, a través de su ministerio, que su misión era principalmente para los judíos pero también incluía en su reino a los gentiles; y los discípulos desempeñarían un papel muy importante en eso más adelante. En el reino no solo había *espacio* para ambos, sino también un *plan* para que ambos fueran incluidos. Jesús vino para salvar a todos aquellos que se arrepienten de sus pecados, creen que Él es suficiente y lo siguen.

4. Este relato de la alimentación de los cuatro mil es similar a la alimentación de los cinco mil en 6:30-43, pero cada uno tiene puntos clave importantes y diferentes. Llena la siguiente tabla.

	Marcos 6:30-43	Marcos 8:1-10
¿A cuántas personas alimentó Jesús?		
¿De quién estaba compuesta la multitud en su mayoría?		
¿De dónde sacó Jesús la comida para alimentar a la multitud?		
¿Cuántos panes tenían?		
¿Cuántos peces tenían?		
¿Cuántas cestas sobraron?		
¿Qué representan estos números?		

Jesús no dejaba nada al azar en su ministerio y en sus milagros. En el judaísmo antiguo, los números tenían significados e importancia. En su primera multiplicación de alimentos, Jesús dio de comer al grupo compuesto en su mayoría por judíos utilizando cinco panes y dos peces: siete cosas en total. Sobraron doce cestas, lo cual seguramente representaba tanto a los discípulos como a las tribus de Israel. En la segunda multiplicación de alimentos, Jesús mostró el cumplimiento y la perfección de su ministerio alimentando a los gentiles. Utilizó siete panes y "varios" peces, y sobraron siete cestas. Jesús era intencional con sus tiempos, sus procesos e incluso con los detalles simbólicos. ¡Él está atento a todo!

5. ¿A qué circunstancia reciente de tu vida le vendría bien un recordatorio de cuán atento y poderoso es Jesús? Escribe una oración pidiendo a Dios que aumente tu fe y muestre su poder.

Cuando hizo estos milagros, Jesús podría haber detenido la multiplicación cuando todo el mundo hubiera quedado satisfecho o cuando hubieran comido lo suficiente como para sobrevivir; sin embargo, a través de estas dos historias vemos que Él puede proveer más de lo que nosotros necesitamos. A fin de cuentas, *Jesús mismo* es lo que realmente necesitamos. Y a diferencia del pan o los peces, en Él encontramos la única clase de abundancia que no disminuye o desaparece.

DÍA 4

MARCOS 8:11-26

LEE MARCOS 8:11-26

El día de hoy comienza en Dalmanuta, un pueblo no muy lejos de la sede central de Jesús en Cafarnaúm. Los fariseos se acercaron a Jesús allí y pidieron una señal del cielo. Habían sido testigos de muchos de los milagros de Jesús, pero aún querían más. Discutían con Él intentando ponerle a prueba, demostrando que realmente lo que buscaban no era una señal. Jesús era una amenaza directa a su poder, así que al pedir más señales lo que querían realmente era demostrar que Él no era quien decía ser.

1. ¿Alguna vez te ha hecho una pregunta alguien que solo quería probar su propio punto de vista y, por lo tanto, no tenía interés en tu respuesta? ¿Cómo te hizo sentir eso?

Jesús suspiró profundamente. Sabiendo que sus preguntas venían de corazones endurecidos, se negó a hacer un espectáculo para ellos. Después se marchó en una barca junto a los discípulos, pero pronto se dieron cuenta de que solo les quedaba un pan. Debido a los milagros de multiplicación de pan que Jesús había hecho delante de ellos dos veces, el pan era *lo último* por lo que estos tipos debían haber estado preocupados. Jesús utilizó el tema para advertirlos acerca de la actitud sutil pero dominante de los fariseos y de Herodes. Se refirió a ellos como levadura que deberían evitar. Un apunte importante acerca de la levadura por si la repostería no es lo tuyo: hace que el pan suba y solo hace falta una pequeña cantidad para un pan entero. Los fariseos eran egoístas, santurrones y muy confiados en sí mismos; todas ellas actitudes que, si les das la mano, harían que te tomaran el brazo. Sus actitudes contaminaban todas sus supuestas "buenas obras", corrompiendo todo lo que hacían.

2. ¿Alguna vez has visto que una mala actitud se infiltre en un grupo o arruine una experiencia? Describe brevemente lo que ocurrió.

En lugar de entender lo que Jesús quería decir realmente, los discípulos pensaron que estaba hablando de nuevo sobre la falta de pan. Como solía pasar, los discípulos no entendían las verdades espirituales detrás de lo que Jesús enseñaba a pesar de cuán dispuestos estaban. Como ellos buscaban realmente aprender (a diferencia de los fariseos que solo buscaban desacreditar), Jesús no los reprendió. En cambio, les recordó todas las formas en que habían visto desplegado su poder. Acababa de alimentar a una multitud de cuatro mil y antes de eso a una de cinco mil. Les recordó no solo la manera en que había provisto para esa gente, sino también la cantidad que sobró. Él les había mostrado una y otra vez que era el Mesías que habían estado esperando, pero a ellos les costaba entender esta verdad. A pesar de todo lo que Él había hecho, sus discípulos todavía no veían claramente.

3. ¿En qué áreas de tu vida te ha resultado difícil creer que Jesús es quien dice que es?

Una vez que la barca llegó a Betsaida, un grupo de personas que habían llevado a un hombre ciego salió al encuentro de Jesús para que lo sanara. En lugar de sanar al hombre delante de todos, Jesús lo tomó de la mano y lo llevó fuera de la aldea. Jesús utilizó su saliva y puso las manos sobre el hombre para devolverle la vista, pero el hombre no fue sanado inmediatamente. El hecho de que Marcos decidiera incluir esa historia es importante, porque la mayoría de los relatos de Marcos incluyen la palabra inmediatamente.

4. **Utilizando tu herramienta bíblica favorita, investiga un poco sobre por qué Jesús hizo que esta sanidad fuera un proceso de dos partes.** Apunta lo que encuentres.

5. ¿A qué otro grupo de personas hacía referencia este proceso de sanidad en dos partes?

Sabemos que Jesús tenía el poder para sanar inmediatamente; Él lo había hecho evidente. Su insistencia en sanar a este hombre primero de modo parcial y después completamente era una ilustración sobre cómo los discípulos estaban comenzando a ver su verdadera identidad gradualmente también. Habían visto sus milagros, los cuales hacían referencia a su divinidad, pero aún no entendían por completo que Él era el Mesías. Pronto lo verían con claridad.

Después de sanar al hombre, Jesús le instó a que ni siquiera regresara a la aldea. Como esa era una región gentil, Jesús seguía actuando con el secreto mesiánico en mente, manteniendo su identidad de Mesías oculta entre los gentiles hasta que llegara el momento correcto.

Jesús podría haber hecho las majestuosas señales que los fariseos reclamaban. Podría haber hecho todos los milagros en la plaza del pueblo, podría haber gritado para avisar a todo el mundo o haber perseguido una fama rápida. Pero no lo hizo. Él no era el rey conquistador que los judíos esperaban; era un siervo humilde para aquellos que lo buscaban de corazón. Se rebajó a sí mismo, y hoy hace lo mismo para nosotros.

6. ¿Qué te dice esto sobre el corazón de Dios? Descríbelo abajo y después haz una oración dándole gracias por su corazón hacia su pueblo.

DÍA 5

MARCOS 8:27-38

LEE MARCOS 8:27-38

En el centro del Evangelio de Marcos nos encontramos con un punto de inflexión en el ministerio de Jesús. Para esta escena importante, Jesús llevó a sus discípulos a un viaje de casi cien kilómetros de ida y regreso a Cesarea de Filipo. En su época, este era un lugar de adoración pagana que superaba todo lo que podemos entender con nuestra mente moderna. Sus actos de adoración pagana constaban de sacrificios humanos (particularmente de bebés) y bestialismo. Si los judíos estaban acostumbrados a evitar la mayoría de zonas gentiles, este lugar específico estaba tan empapado de maldad que todas sus alarmas internas se estarían disparando. Aun así, este fue el destino que escogió Jesús.

Imagina a los discípulos (seguramente llenos de una mezcla de curiosidad y temor) viajando a este lugar con su líder, que los llevaba hasta allí a propósito. En el camino, Jesús les hizo dos preguntas a los discípulos: "¿Quién dice la gente que soy?" seguida de "¿Quién dicen *ustedes* que soy?". Les hizo esas preguntas para el beneficio de ellos, no el suyo propio. No necesitaba que alimentaran su ego o que le animaran con sus palabras, y tampoco estaba buscando validación. Jesús sabía cuán importante sería que ellos estuvieran seguros de que Él era el Hijo de Dios. Sino, sería fácil abandonar o desesperarse cuando hubiera dificultades. Pedro respondió correctamente con valentía, reconociendo que Jesús era exactamente quien había dicho que era desde el principio: ¡el Cristo! Con esta respuesta aclarada y arraigada en el corazón de los discípulos, Jesús reveló por qué era importante que se aferraran a esa verdad.

1. **Repasa 8:31.** En tus propias palabras, resume lo que Jesús dijo que ocurriría.

Jesús les dijo claramente que Él iba a ser asesinado pero después resucitaría de los muertos. Pedro tuvo la audacia de reprender a Aquel a quien acababa de identificar como el Cristo, el Hijo del Dios viviente. No es porque Pedro ya no le creía, pero un Mesías perseguido y sacrificado no era parte del plan de Pedro. A ojos de Pedro, el Mesías debía derrocar a Roma, no sufrir una muerte de pecador.

2. **Utilizando tu herramienta de estudio bíblico favorita, investiga un poco a qué podría haberse referido Jesús con su respuesta a la reprensión de Pedro.**

¡"Quítate de delante de Mí, Satanás" es una respuesta intensa! Los discípulos se habían equivocado muchas veces antes, pero Jesús nunca los comparó con Satanás o dijo que Satanás estaba obrando en ellos, así que esta era, definitivamente, una situación excepcional. Algunos teólogos dicen que la cruz era lo peor que podía pasarle a Satanás; sellaba su destino y su derrota final así que él, más que nadie, quería impedir que ocurriera a toda costa. Ya había intentado arruinar el plan de Dios para la redención cuando tentó a Jesús en el desierto. Algunos dicen que Jesús utilizó una metáfora cuando dijo "quítate de delante de Mí, Satanás" y otros dicen que realmente señalaba que Satanás estaba obrando en Pedro.

3. ¿Cuál de estas opiniones compartes o prefieres y por qué?

En el Evangelio de Marcos, Jesús anunció su propia muerte dos veces más después de esta, utilizando cada vez el mismo patrón. Cuando Jesús anunciaba su muerte, los discípulos respondían (normalmente con una respuesta contundente) y después Jesús daba una enseñanza acerca del discipulado. Su proceso tenía una temática: reconocer la muerte y resurrección de Jesús siempre requiere una respuesta.

4. **Repasa 8:34.** Enumera las tres cosas que Jesús llamó a sus discípulos a hacer en respuesta a la cruz.

1.

2.

3.

Ser un discípulo ("aprendiz, seguidor") no llega de modo natural; requiere negarnos a nosotros mismos, lo cual es algo que ninguno de nosotros quiere hacer por naturaleza. Debemos arrepentirnos y alejarnos de nuestras viejas vidas de pecado, pero la cosa no termina con ese cambio. Después debemos tomar nuestra cruz. La cruz, en el mundo de hoy, es un símbolo de perdón, gracia, esperanza y amor; sin embargo, en los tiempos de Jesús la única vez en la que alguien cargaba una cruz era de camino a su propia muerte. Por lo tanto, al decir "tomen su cruz" no les estaba pidiendo a sus seguidores que llevaran algún tipo de carga (como por ejemplo una relación difícil, una enfermedad grave o una discapacidad). Llevar tu cruz simboliza seguir a Jesús independientemente de lo que te cueste y a pesar de cualquier cosa que pueda ocurrir. Por último, Él nos llama a seguirlo. Seguir a Jesús es una transformación completa desde dentro hacia afuera. Cuando entramos a una relación con Él, recibimos la presencia del Espíritu Santo en nuestras vidas y Él nos da la capacidad de caminar a su ritmo.

5. ¿Has decidido negarte a ti mismo, tomar tu cruz y seguir a Jesús de verdad?

6. Si la respuesta es no, ¿qué te impide confiar en Él?

7. Si la respuesta es sí, escribe una breve oración dándole gracias a Dios por revelarse a ti.

Tras alcanzar este punto de inflexión en el Evangelio de Marcos, comenzaremos a ver que Jesús se acerca a su muerte a un ritmo cada vez más rápido. Ya no guardaría el secreto mesiánico entre los judíos porque su tiempo había llegado. Ya había comenzado la revelación de su identidad, y pronto sería completada delante de una multitud de seguidores, enemigos y escépticos. Aún en la actualidad, a medida que Él sigue revelándose a la gente, aquellos que consiguen verlo avanzan hacia una mayor libertad y gozo, ¡porque Él es la fuente de gozo!

8. ¿Qué es lo que más te ha llamado la atención del estudio de esta semana? ¿Por qué?

9. ¿Qué has aprendido o reaprendido acerca de Dios y su carácter esta semana?

DÍA 6

SALMO CORRESPONDIENTE Y ORACIÓN

LEE SALMOS 51

1. ¿Qué correlación ves entre Salmos 51 y el estudio de esta semana sobre Jesús y su reino?

2. ¿Qué porciones de este salmo te llaman más la atención?

3. Termina haciendo esta oración en voz alta:

Padre,

Tú eres un Dios de amor incondicional. Tú eres un Dios de misericordia abundante. Perdonas los pecados de tus hijos y nos limpias; ¡qué regalo! Te alabo por tu bondad y tu misericordia conmigo.

Padre, soy pecador y tú eres un lugar seguro en el que puedo reconocer mis pecados porque tú ya los conoces todos, y tu Hijo Jesús ya pagó el precio por ellos en la cruz. Así que te confieso mis pecados y te pido que limpies mi corazón. Me arrepiento de actuar en ocasiones como un fariseo: tratando mis propias costumbres, preferencias y tradiciones como si fueran tu ley. Me arrepiento de no querer ayudar a ciertas personas. Me aparto de mis pensamientos y acciones pecaminosas y me acerco a ti, la fuente de mi perdón y mi esperanza de cambio.

Ayúdame a recordar que tú eres el Dios que proveyó comida para las multitudes hambrientas, ¡y estoy seguro de que tienes suficiente para todo lo que necesito! Permíteme obedecer con gozo, Dios. Sostenme a través de tu Espíritu que vive en mí. Dirígeme por el camino correcto en mi meta de negarme a mí mismo, tomar mi cruz y seguirte.

Te rindo mi vida, Señor; en cada momento de mi día y en cada decisión que tome, rindo mi voluntad y mis caminos ante tu voluntad y camino perfectos.

Yo también te amo. Amén.

DÍA 7

DESCANSA, PONTE AL DÍA O PROFUNDIZA

RETO SEMANAL

En Marcos 7:31-37 Jesús sanó a un hombre que era sordo y tenía problemas en el habla, ¡y ese hombre utilizó su nueva voz para extender la buena noticia acerca de Jesús! Esta semana, nuestra meta será imitar a ese hombre, de manera que hablemos de lo que Dios ha hecho por nosotros. En tu diario escribe al menos una forma en la que has visto a Dios obrar o moverse cada día. Al lado de cada entrada, nombra al menos a una persona con la que hables de lo que Dios ha hecho. Utiliza esta oportunidad como herramienta para abrir tus ojos y oídos a las formas en que Dios se está moviendo en tu vida y que podrías pasar por alto. Cuando comiences a darte cuenta de todas las cosas buenas que Dios está haciendo en tu vida, ¡compártelo para animar a aquellos que te rodean!

VERSÍCULO PARA MEMORIZAR

"Y muchos lo reprendían para que se callara, pero él gritaba mucho más: «¡Hijo de David, ten misericordia de mí!»".

Marcos 10:48

SEMANA 6

Marcos 9:

La deidad del Siervo

LECTURA BÍBLICA DIARIA

Día 1: Marcos 9:1-13

Día 2: Marcos 9:14-29

Día 3: Marcos 9:30-37

Día 4: Marcos 9:38-41

Día 5: Marcos 9:42-50

Día 6: Salmos 94

Día 7: Para ponerse al día

Corresponde al Día 294 de *La sinopsis de la Biblia*

RETO SEMANAL

Ver la página 169 para más información.

DÍA 1

MARCOS 9:1-13

LEE MARCOS 9:1-13

Cuando todavía estaban en Cesarea de Filipo, el malvado epicentro de la adoración pagana, Jesús anunció su muerte y resurrección. Prometió que algunas de las personas presentes verían "el reino de Dios después de que haya venido con poder". Muchos creen que se refería a los tres discípulos que serían testigos de su transfiguración, que ocurrió poco tiempo después. Es la próxima escena en el Evangelio de Marcos.

Los discípulos lidiaron durante casi una semana con la noticia de que su líder sería asesinado y resucitaría de los muertos. Podríamos intuir que se sintieron confundidos e incluso decepcionados de que el Mesías al que habían estado siguiendo no iba a derrocar al gobierno o a dar poder a los israelitas como seguramente habían supuesto. Por el contrario, Él había venido para ser un siervo sufriente para todas las personas. Así que Jesús tomó a Pedro, Santiago y a Juan y los llevó a la cima de un monte muy alto para ser testigos cuando Él se transfigurara delante de ellos. Estos discípulos experimentaron la deidad plena de Cristo, y vieron asombrados cómo su ropa se volvió más blanca que cualquier cosa que hubieran visto jamás.

1. **Repasa 9:3-4.** ¿Cómo describe Marcos la apariencia de Jesús?

2. ¿Por qué crees que Elías y Moisés fueron escogidos para aparecer junto a Jesús? **Busca Éxodo 24:1 y 1 Reyes 19:8 para ayudarte en tu respuesta.**

Seguro que los discípulos se quedaron aturdidos ante la aparición de estos dos profetas. Hay dos opciones: o se los presentaron, o de alguna manera divina los reconocieron a pesar de nunca haberlos visto antes. Moisés, habiendo dado al pueblo la ley, representaba las leyes de Israel. Elías, un profeta reconocido, representaba a todos los profetas del Antiguo Testamento. En ese momento, Jesús mostró que Él es tanto el cumplimiento de la ley como la persona de la que habían hablado los profetas. También mostró que la ley y los profetas debían darle paso a Jesús; Él tenía poder y dominio sobre ellos. Una vez más, Jesús demostró que Él es exactamente quien les había estado diciendo que era: el Hijo de Dios.

Pedro fue el primero en hablar. Estaba tan maravillado, que quería quedarse allí viviendo esa experiencia; se ofreció a preparar tiendas para Jesús, Elías y Moisés. Pedro había sido el que reprendió a Jesús seis días atrás por anunciar su muerte, así que es entendible que quisiera prolongar ese momento lo máximo posible.

3. Ponte en los zapatos de Pedro: ¿cuál crees que hubiera sido tu respuesta ante esta experiencia?

Y por si no era suficiente haber visto a Jesús transfigurado ante sus ojos, Dios lo llevó a un paso más allá. En 9:7 vemos una de las tres veces en el Nuevo Testamento en la que alguien escuchó la voz audible de Dios el Padre. Declaró que Jesús era su Hijo y después les ordenó que lo escucharan.

4. **Haz una búsqueda en el internet para encontrar las otras dos veces en el Nuevo Testamento en las que se escuchó la voz audible de Dios el Padre.** Anota las referencias de la Escritura y lo que Dios dijo.

Dios el Padre confirmó audiblemente tres veces que Jesús era el único Hijo de Dios verdadero que había venido en gloria divina. Justo después de haber dado la noticia de lo que le iba a ocurrir pronto, Jesús tuvo la bondad de darles a Pedro, Santiago y Juan confianza y esperanza a través de haber sido testigos de su transfiguración. Vieron con sus propios ojos el reino de Dios viniendo con poder a través de Jesús, exactamente como Él había prometido hacía casi una semana atrás.

5. ¿Cuándo te resulta difícil creer que Dios es quien dice que es? ¿Cómo te da consuelo este pasaje?

En la bajada del monte, Jesús les dijo que guardaran en secreto lo que habían visto. No quería que las multitudes o la fama se interpusieran en el camino de su misión de sufrir y morir por su pueblo. Como siempre ocurría, los discípulos después tuvieron preguntas acerca de su resurrección de los muertos y a qué se referían los escribas cuando dijeron que Elías vendría primero. En el relato de Mateo acerca de la transfiguración (Mateo 17:10-13) Jesús reconoció que el "Elías" al que se estaba refiriendo era JEB, que había venido a preparar el camino para el Mesías, cumpliendo esa profecía.

Al verlo glorificado, Pedro, Santiago y Juan pudieron ver un adelanto de su glorificación venidera como el verdadero Rey de reyes. Estos discípulos, que solo habían conocido el cuerpo humano de Jesús, ahora tenían un entendimiento mayor de la deidad de Cristo aunque no podían entenderla por completo. Sabiendo lo que llegaría, ¡qué bueno fue Jesús al darles esta seguridad antes de ir a la cruz!

6. Describe una o dos de las maneras en que Dios se ha revelado a ti. Sé tan específico y personal como quieras. ¡Después dale gracias por ello!

DÍA 2

MARCOS 9:14-29

LEE MARCOS 9:14-29

Cuando bajó del Monte de la Transfiguración, Jesús se encontró con una multitud que incluía escribas que discutían con los demás discípulos. Un hombre había pedido a los discípulos que intentaran sanar a su hijo que estaba poseído por un demonio, pero no pudieron hacerlo. El muchacho había sufrido mucho dolor y experiencias cercanas a la muerte, y su padre estaba ya desesperado.

1. Llena la siguiente tabla detallando las formas en que el niño había sido atormentado físicamente por el espíritu impuro.

9:17	
9:18	
9:20	
9:22	
9:25	
9:26	

Es obvio que la posesión del muchacho había impactado profundamente las vidas de este padre y de su hijo. Como los discípulos ya habían hecho milagros antes, parece que tanto ellos como el padre esperaban que pudieran ayudar al hijo, pero no dieron la talla. Jesús increpó a la multitud (o tal vez solo a los discípulos) por su falta de fe, la cual parece haber estado ligada a su falta de poder sanador.

En lugar de perder la esperanza de sanidad, el padre siguió insistiendo, pidiéndole a Jesús que hiciera lo que los discípulos no pudieron hacer. Aun así, no estaba muy seguro del poder de Dios, su bondad o ambos.

2. Aunque Dios ha sido fiel y generoso, somos rápidos para dudar de su poder y su bondad. Describe un área de tu vida en la que puedas estar dudando de la bondad y el poder de Dios en esta temporada.

En su petición, el padre utilizó un condicional: "*si* Tú puedes hacer algo". Jesús aprovechó la oportunidad para recordar al padre del muchacho su poder, invitándolo a un nivel más alto de fe.

3. **Repasa 9:24.** ¿Qué pide el padre? ¿Cómo te identificas con la petición del padre?

El padre reconoció humildemente que, aunque tenía fe, la duda seguía entremezclada con su fe. Creer en la bondad de Dios mientras sigues luchando con la duda es algo común en la vida cristiana. Incluso en nuestros mejores días, nuestra fe puede escasear. Podemos poner nuestras peticiones delante de Dios junto con los pedazos de fe que sí tenemos y pedir más. Eso es lo que hizo el padre del muchacho; en lugar de intentar esconder su duda o sacar más fe de su interior en sus propias fuerzas, pidió ayuda al único que podía darle más fe. Y Jesús no lo reprendió por pedir ayuda; sanó al muchacho. ¡Gloria a Dios que sigue respondiendo las oraciones de personas imperfectas con fe imperfecta!

Jesús también afirmó que todo es *posible* para aquellos que creen en Él. Esto no era una garantía de que Dios nos dará cualquier cosa que pidamos; era un recordatorio para que le pidamos todo lo que queremos y creamos que *Él puede hacerlo*. Nada es imposible para Él. Cuando a veces responde a algunas de nuestras oraciones con un "no", no es porque no pueda hacerlo.

4. ¿Qué oración grande has estado evitando porque dudas de que Dios pueda responder con un sí?

Después, los discípulos le preguntaron a Jesús en privado por qué no habían podido sanar al muchacho ellos solos. Anteriormente en la historia, Jesús increpó a la multitud o a los discípulos por su falta de fe. Puede que los discípulos hubieran desarrollado fe *en sí mismos* y estuvieran dependiendo de sus propias habilidades en lugar de tener fe en Dios y depender de Su poder. Su autosuficiencia parece haber impedido que oraran y le pidieran ayuda a Dios. Teniendo en cuenta que habían hecho milagros antes, hubiera sido fácil pensar: *yo puedo con esto*, y confiar en sus propias habilidades y experiencias. Puede ser tentador querer echar mano del poder de Dios sin involucrar a Dios como persona.

5. Describe una situación en la que seas tentado a actuar en tus propias fuerzas en lugar de depender de Dios.

Jesús aclaró que la oración era un componente vital a la hora de deshacerse del demonio. Algunos manuscritos antiguos del libro de Marcos mencionan el ayuno también en este versículo. La oración y el ayuno son dos acciones que caracterizan un corazón humilde y dependiente de Dios. Son evidencia de que hemos puesto nuestra fe en el lugar correcto, reconociendo que no podemos hacer ninguna buena obra sin Él. Nuestra fe es más evidente cuando nos comprometemos a practicar la oración, porque esta afirma nuestra necesidad de Él. Cuando nos sometemos a nuestra necesidad desesperada de Dios, estas acciones bien encaminadas junto a una fe puesta en el lugar correcto pueden hacer cosas que de otra manera serían imposibles.

6. Describe un momento en el que oraste y Dios respondió con un "sí".

DÍA 3

MARCOS 9:30-37

LEE MARCOS 9:30-37

En la lectura de hoy, Jesús predijo su propia muerte por segunda vez. Se lo recordó a sus discípulos, preparando sus corazones para lo que estaba a punto de suceder. Hoy tenemos el beneficio de entender sus palabras porque sabemos lo que ocurrió, pero los discípulos no daban crédito. ¿Morir y resucitar? ¿A qué se refería con eso? ¿Y por qué seguía diciéndolo, especialmente después de su confusión y la reprensión de Pedro? Siempre que Jesús repetía información, especialmente a las mismas personas, vale la pena tomar nota. Él estaba seguro de lo que estaba diciendo. Sabía que era el plan del Padre. Su repetición confirma su seguridad.

1. **Busca Apocalipsis 13:8.** ¿Dónde estaba escrito que el Cordero sería inmolado?

2. ¿Cuándo se escribió?

La muerte y resurrección de Cristo había sido el plan desde antes de la fundación del mundo. A Jesús no le arrebataron su vida; Él la entregó voluntariamente. Sabía y permitió todo lo que iba a ocurrir. Su uso de la palabra *entregado* (9:31) era una pista de los tiempos perfectos del Padre.

Confundidos por su promesa de una resurrección, los discípulos seguramente suponían que hablaba de la resurrección de toda la humanidad al final de los tiempos, pero en lugar de hacer preguntas, se callaron. Ellos sabían que Él era el Mesías, pero no parecían entender la necesidad de su muerte o lo que implicaría su resurrección. Lo único que eran capaces de ver era que no iba a ser un libertador político que libraría a Israel de Roma. Así que tal vez entendieron suficiente de lo que Jesús decía como para saber que tenían miedo (o terror) a escuchar el resto de los detalles. No era el final feliz que esperaban.

O tal vez se perdieron por completo la magnitud de sus palabras. Mientras Jesús estaba ocupado hablando de entregar su vida para servir y salvar, ¡ellos discutían sobre quién de ellos sería el mayor. ¡Que irónico!

La semana pasada vimos que cada vez que Jesús anunció su propia muerte y resurrección después enseñó acerca del discipulado, y esta no fue la excepción.

3. ¿Cómo respondieron los discípulos cuando Jesús les preguntó sobre qué discutían?

Inmediatamente se avergonzaron de su tema de conversación. Estaban discutiendo sobre poder y posiciones justo después de escuchar que su Mesías se humillaría y entregaría su vida. Aun sabiendo hasta dónde estaba dispuesto a llegar Jesús por ellos, no pudieron ver más allá de su orgullo. En lugar de reprenderlos por sus actitudes egoístas del corazón, Jesús tomó asiento. En el antiguo Israel, sentarse era la posición oficial de un maestro. Significaba: "¡Escuchen! Lo que voy a decir importa y quiero que escuchen y actúen en consecuencia".

4. **Repasa 9:35.** Escribe la declaración de Jesús en tus propias palabras.

Jesús tomó a un niño sobre su regazo, desafiando las normas sociales del momento. Los niños se consideraban una molestia hasta que pudieran contribuir a la sociedad. Poniendo los valores del reino en un lado y los corazones de los discípulos al otro lado, dijo que cualquiera que recibiera al niño lo recibía a Él. Ser un "siervo para todos" significaba que ni siquiera pasaba por alto a los niños. Yendo un paso más allá, dijo que aquellos que son considerados grandes en el reino de los cielos, son quienes cuidan a aquellos que no les ofrecen estatus o cualquier otra cosa a cambio, como ese niño. El objetivo no era la fama y el poder, sino la humildad y el servicio. Jesús dijo que esta actitud del corazón era el camino para conectar con el Padre.

5. ¿De qué manera puedes servir hoy a alguien con menos estatus que tú?

Un corazón de servicio no significa que no puedas tener ambición o iniciativa. Ni siquiera significa que no puedas conseguir grandes cosas en tu vida, pero lo que le interesa a Jesús es la actitud de tu corazón. Si persigues grandes metas con el único propósito de ser alguien importante o poderoso, puede que haya orgullo en tu corazón. Cuando dependemos de Jesús y su obra terminada en la cruz, podemos vernos a nosotros mismos correctamente, así como nuestra necesidad desesperada de un Salvador. Entonces podremos ver y servir a los demás desde la gratitud y el amor. Jesús fue el ejemplo perfecto al humillarse para ser el "siervo de todos". Gracias a su disposición a hacerse humilde, ¡somos herederos de Dios y coherederos con Cristo mismo!

DÍA 4

MARCOS 9:38-41

LEE MARCOS 9:38-41

Cuando los discípulos vieron a alguien que no era parte del círculo cercano de Jesús echando fuera demonios, avisaron a Jesús. Juan dijo que habían intentado detenerlo ya que el hombre no era uno de los discípulos, seguramente pensando que Jesús estaría orgulloso de ellos por estar atentos. En cambio, su orgullo salió a la luz de nuevo cuando intentaron silenciar a alguien que no pertenecía a su grupo. Jesús les había dado a sus discípulos el poder para echar fuera demonios, pero ellos se asombraron al ver que alguien fuera de su círculo inmediato podía hacer las mismas cosas.

1. ¿En nombre de quién estaba este hombre echando fuera demonios?

Parece que este hombre creía de verdad que Jesús era el Mesías, y hay varias evidencias de ello. Primero, parece que realmente estaba teniendo éxito al echar fuera demonios; algo que un mago o un falso profeta no podría hacer. Segundo, los echaba fuera en el nombre de Jesús. En 9:39 Jesús afirmó que, de hecho, el hombre estaba haciendo estos milagros en su nombre.

2. ¿Por qué crees que los discípulos intentaron detener a alguien que hacía milagros en el nombre de Jesús?

Las acciones de los discípulos demuestran que suponían que el poder para hacer milagros solo era para los doce que viajaban con Jesús. Parece que querían ser un grupo de élite: los únicos que tenían acceso al poder de Cristo. Si no tenemos cuidado, podemos llegar a enfocarnos tanto en cómo vivimos nuestra fe que nos sea fácil suponer que cualquier cosa fuera de nuestro grupo o de nuestra zona de confort no merece nuestra confianza.

Los discípulos pensaban que estaban protegiendo el ministerio de Jesús, pero la respuesta de Jesús nos dice lo contrario. Él dijo que no debieron haber detenido al hombre porque estaba echando fuera demonios en su nombre. Si el hombre fue capaz de invocar el nombre de Jesús, entonces no podría renunciar inmediatamente a su nombre. Lo que está claro es que este hombre no era una amenaza, sino un miembro del reino de Dios que caminaba en el poder de Cristo.

3. **Busca 1 Corintios 12:3.** ¿Por qué crees que este versículo afirma las palabras de Jesús en 9:39?

Jesús les dijo a sus discípulos que quien no estaba contra Él estaba con Él. En otras palabras, habría personas que serían parte del reino y no serían parte de su círculo inmediato. Hoy en día los cristianos tienen desacuerdos sobre muchos asuntos que han causado división en la iglesia y entre denominaciones. Esto no significa automáticamente que un punto de vista está bien y el otro está mal; algunos temas están sujetos a opinión. Aun así, Jesús no estaba diciendo que todos los muros de protección debían caer por el bien de la unidad. Sus palabras sí advierten, sin embargo, sobre aquellos que son rápidos para construir muros donde no hacen falta. Los muros más altos deberían construirse alrededor de las doctrinas principales: las enseñanzas que se consideran fundamentales para la fe.

4. **En una herramienta bíblica de confianza, busca la palabra *doctrina*.** Defínela a continuación en tus propias palabras.

5. **Utilizando un diccionario u otro recurso, define *asuntos primarios*, *secundarios* y *terciarios* en relación con el cristianismo.**

Asuntos primarios

Asuntos secundarios

Asuntos terciarios

6. Utilizando la lista a continuación, escribe las letras correspondientes a dos asuntos en el anillo primario, dos en el anillo secundario y dos en el anillo terciario. **Utiliza la declaración de fe de tu iglesia (podría estar en su página web) si necesitas ayuda.**

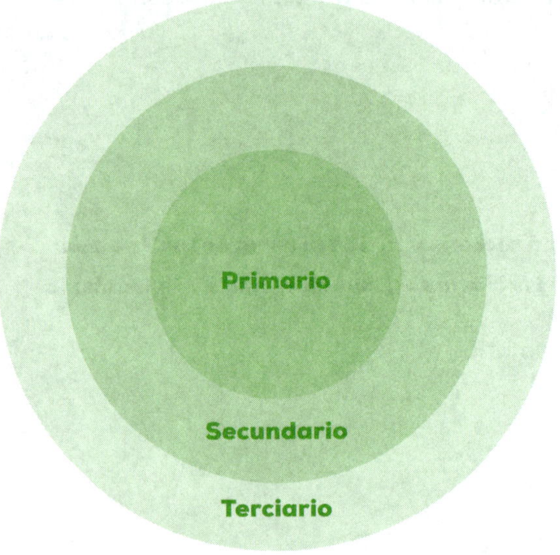

A. Jesús es el Hijo de Dios
B. La Trinidad
C. Las mujeres en el liderazgo de la iglesia
D. Cronología de los últimos tiempos
E. Dones carismáticos hoy en día
F. Práctica de la comunión
G. Prácticas del bautismo
H. Atuendo formal en la iglesia
I. Doctrina de la salvación
J. Himnos/estilo musical de la adoración
K. Las Escrituras son la Palabra de Dios inspirada

7. ¿Hay algún área de la lista anterior (u otras áreas de tu fe) en la que hayas tratado un asunto secundario o terciario como si fuera primario? Descríbelo a continuación.

La Escritura enseña con claridad acerca de muchas cosas que estamos seguros de que son verdades absolutas, pero solo porque estén claras no significa que sean doctrinas absolutas. Por ejemplo, está claro en la Escritura que Jesús se ponía un manto de oración; es la parte de su ropa que la mujer tocó cuando fue sanada en Mateo 9:20. Sin embargo, conocer y creer este detalle no es fundamental para nuestra fe.

Es importante que distingamos con claridad qué asuntos son primarios y cuáles secundarios, y debemos tener cuidado de no romper nuestra unidad por algo que no es esencial. Tampoco podemos discriminar basándonos en el valor percibido de las obras o acciones de alguien. Ya sea que estés expulsando demonios o simplemente dándole un vaso de agua a alguien que lo necesita, Jesús dijo que no perderás tu recompensa. Dios se glorifica mediante todos los actos de fe genuina en Cristo. Necesitamos discernimiento para guiarnos en todas estas áreas a medida que nos enfocamos en caminar unidos siendo la iglesia.

8. Escribe a continuación una oración breve pidiéndole a Dios discernimiento.

DÍA 5

MARCOS 9:42-50

LEE MARCOS 9:42-50

La lectura de hoy comenzó con una llamada a ser conscientes de que nuestras acciones pueden influenciar e impactar a otros. En esta sección, Jesús utilizó la hipérbole para hacer llegar su mensaje, dejando sorprendentemente claro su punto.

Cuando utilizó la expresión *pequeños*, no necesariamente estaba hablando solo acerca de los niños. El término también podría aplicarse a un nuevo creyente o a alguien que tiene la fe de un niño. Y Jesús dijo que sería mejor morir que hacer pecar a uno de ellos.

1. ¿Cuál era el peso aproximado de una piedra de molino en el primer siglo?

En el mundo antiguo, las piedras de molino se utilizaban para moler el trigo y convertirlo en harina. Ningún ser humano era lo suficientemente fuerte como para levantar o mover estas piedras sin ayuda. Para hacerla girar y así moler el trigo hacía falta un animal grande como un buey. Jesús utilizó esta imagen un tanto dura para mostrar la gravedad del punto al que estaba intentando llegar. Su elección de palabras demuestra lo mucho que

Él quiere alimentar la fe de aquellos que son débiles, vulnerables y tienen menos conocimiento que los creyentes más maduros. Somos llamados a vivir vidas auténticas en las que nuestras acciones estén a la altura de nuestras palabras y creencias. ¡Sería una tragedia que los nuevos creyentes nos siguieran por un camino de pecado o nuestra falta de consistencia les produjera confusión!

2. Toma un momento para examinar tu vida. ¿Hay algo que confundiría o llevaría a un nuevo creyente por un camino equivocado?

Jesús después habló de modo figurado diciendo que las manos, los pies y los ojos debían ser cortados o arrancados en un esfuerzo por no pecar. En la cultura judía, las manos, los pies y los ojos eran considerados regalos de Dios, así que la idea de profanar a propósito un regalo de Dios era otro recordatorio de cuán seriamente Jesús se tomaba el pecado.

3. **Busca Levítico 19:28.** ¿Qué dice acerca de desfigurar a propósito tu cuerpo?

4. **Busca 2 Samuel 5:8.** ¿A quién no le estaba permitida la entrada al templo?

La Torá prohibía a los judíos desfigurar sus cuerpos de cualquier modo, y no podían entrar al templo si tenían desfiguraciones físicas; sin embargo, Jesús dijo que por muy valiosas que fueran esas partes del cuerpo, sería mejor quebrantar la ley, nunca pisar el templo y vivir sin una parte del cuerpo importante que ser arrojado en el infierno.

De nuevo, son imágenes fuertes para dejar claro su punto. Si utilizabas tu mano para robar, Jesús no estaba sugiriendo que te la cortaras literalmente. Estaba diciendo que cualquier cosa que sea valiosa para ti (ya sea dinero, relaciones, poder o estatus) no es tan valiosa como el reino de Dios. Cualquier cosa que nos impida tener intimidad más profunda con Él es algo que deberíamos arrancar de nuestras vidas.

5. ¿Hay algún pecado que hayas desestimado o ignorado y no hayas desarraigado?

6. **Busca la palabra *infierno* (9:47) en un diccionario de griego y escribe su definición.**

La palabra *gehena* tiene que ver con una ubicación geográfica a las afueras de Jerusalén. Durante los tiempos del Antiguo Testamento, muchas personas participaban en sacrificios humanos y de niños, y Gehena era el lugar designado para ofrecer sacrificios al dios falso Moloc. Durante el reinado del rey Josías, él quiso destruir este lugar y acabar con esos sacrificios, así que lo convirtió en un vertedero para toda Jerusalén. Los judíos arrojaban toda clase de basura, incluidas las heces, los desechos y los cadáveres de animales y humanos, en este montón que ardía constantemente. Cuanto más arrojaban, más combustible tenía el fuego, por lo que nunca tenían que volver a encenderlo. Los gusanos se comían los cadáveres; y en este pasaje, Jesús dijo que los gusanos no mueren, lo que significa que siempre tendrían algo para comer. Esta fue la horrible imagen que Jesús utilizó para describir el infierno.

7. ¿Cambia esto tu visión del infierno o te hace verlo con más claridad? Si es así, ¿en qué sentido?

Esta enseñanza hablaba de la gravedad no solo del peso del pecado, sino también del peso del infierno. Jesús utilizó metáforas y lenguaje fuerte para dejar claro lo que quería enseñar: había que evitar el pecado a toda costa. Cualquier cosa que te llevara al fuego insaciable y te impidiera vivir la eternidad con Cristo no valía la pena.

Después de utilizar imágenes tan gráficas, Jesús se enfocó en otro tipo de fuego. Se había referido al fuego como algo insaciable y horrible asociado con el infierno, pero el fuego es también una fuerza purificadora. La sal también tiene cualidades purificantes; se usa para limpiar, conservar y dar sabor. En 9:49 Jesús parece utilizar esta imagen para decir que los discípulos no eran inmunes a tener que ser purificados. Aunque su destino eterno estaba fijado, no eran inmunes a las dificultades de esta vida que los santificarían.

8. **Utilizando una herramienta de estudio bíblico, busca la palabra *santificación* y describe cómo se relaciona con la imagen de la sal y el fuego.**

La sal se utiliza para conservar la comida y dar sabor; sin embargo, si la sal pierde su sazón, ya no tiene ningún uso. Jesús les dijo a sus discípulos que fueran como la sal. Podríamos interpretar sus palabras de dos maneras. En primer lugar, podría llamarlos a "conservar" la Palabra y sus enseñanzas, a predicar y enseñar de manera que no llevara a interpretaciones o conclusiones falsas. En segundo lugar, podría haberles dicho a sus discípulos que "añadieran sabor" a la vida en esta tierra, y que dejaran que su mensaje y sus obras enriquecieran al mundo a su alrededor mostrando la belleza de vivir una vida apartada con Cristo. Cuando los creyentes viven de forma que reflejan la bondad y la gracia de Dios, demuestran la diferencia que Jesús puede marcar en la vida de alguien para mejor. ¡Porque Él es la fuente de gozo!

9. ¿Qué es lo que más te ha llamado la atención del estudio de esta semana? ¿Por qué?

10. ¿Qué has aprendido o reaprendido acerca de Dios y su carácter esta semana?

DÍA 6

SALMO CORRESPONDIENTE Y ORACIÓN

LEE SALMOS 94

1. ¿Qué correlación ves entre Salmos 94 y el estudio de esta semana sobre Jesús y su reino?

2. ¿Qué porciones de este salmo te llaman más la atención?

3. Termina haciendo esta oración en voz alta:

Padre,

Te alabo por tu venganza justa. Estoy muy agradecido de que seas un Dios que castiga a los malos en justa medida, y estoy agradecido porque me disciplinas con amor incluso cuando me he desviado de tu camino. Puedo confiar en que tú harás lo correcto.

Confieso que a veces me he desesperado; he sentido que no tenía esperanza. Confieso que he confundido tu disciplina amorosa con un castigo lleno de ira y que he dudado de tu amor por mí o tu bondad. Y confieso que he ignorado pecados en mi vida porque los amaba, porque no parecían hacer daño a otras personas o porque no creía que era posible superarlos. Pero sé que contigo todo es posible. Me arrepiento de mis pecados y me vuelvo a ti, el único que puede limpiar mi corazón. Señor, creo. Ayúdame en mi incredulidad.

Sigue santificándome. Muéstrame las cosas que son más importantes para ti y dirige mi corazón hacia tus prioridades. Protégeme de los ataques del enemigo, Dios. Tú eres más fuerte y tu Espíritu vive en mí, así que confío en que tengo todo lo que necesito cuando las tentaciones y las pruebas se crucen en mi camino. Consuélame en mi dolor. Enséñame tus caminos. Cuando sea tentado a olvidar, recuérdame que tú eres mi lugar seguro.

Te rindo mi vida, Señor; en cada momento de mi día y en cada decisión que tome, rindo mi voluntad y mis caminos ante tu voluntad y camino perfectos.

Yo también te amo. Amén.

DÍA 7

DESCANSA, PONTE AL DÍA O PROFUNDIZA

RETO SEMANAL

En el Día 4 analizamos los asuntos que se clasifican como primarios, secundarios y terciarios dentro del cristianismo. Aprendamos un poco más acerca de lo que creen varias iglesias en cada una de estas áreas. Primero, ve a la página web de tu iglesia local y busca su declaración de fe para ver lo que consideran más importante (vale la pena saber que muchas iglesias solo enumeran sus creencias primarias). Después haz lo mismo con otra iglesia de otra ciudad. Finalmente, haz lo mismo con una iglesia que pertenezca a una denominación cristiana diferente. ¿Qué cosas observas que son iguales? ¿Qué cosas observas que son diferentes? ¿Te sientes más informado o desafiado con respecto a tu opinión sobre los asuntos primarios, secundarios y terciarios dentro de la fe cristiana?

SEMANA 7

Marcos 10-11:

El propósito del Siervo

VERSÍCULO PARA MEMORIZAR

"Jesús se detuvo y dijo: «Llámenlo». Y llamaron al ciego, diciéndole: «¡Anímate! Levántate, *que* te llama»".

Marcos 10:49

LECTURA BÍBLICA DIARIA

Día 1: Marcos 10:1-31

Día 2: Marcos 10:32-52

Día 3: Marcos 11:1-11

Día 4: Marcos 11:12-25

Día 5: Marcos 11:27-33

Día 6: Salmos 145

Día 7: Para ponerse al día

Corresponde a los Días 304 y 307 de *La sinopsis de la Biblia*

RETO SEMANAL

Ver la página 194 para más información.

DÍA 1

MARCOS 10:1-31

LEE MARCOS 10:1-31

La lectura de hoy toca algunos temas que pueden ser delicados y difíciles, pero Jesús no evitaba estos temas y nosotros tampoco podemos hacerlo. Jesús dejó su campamento base de Cafarnaúm por última vez para emprender el camino a celebrar la Pascua en Jerusalén. Cuando llegó a la región de Judea, las multitudes se juntaron y Él les enseñó. Esta vez, los fariseos no sacaron los puños. Querían hablar acerca de un tema muy polémico: el divorcio.

En muchas culturas antiguas, un hombre podía divorciarse de su esposa por cualquier cosa, e incluso algunas culturas obligaban moralmente a hacerlo. Los fariseos parecían suponer que Jesús tendría que hablar en contra de la opinión popular o prohibir el divorcio por completo; y cualquiera de las dos respuestas haría que la multitud se volviera en su contra. Jesús, con destreza, respondió a los fariseos preguntando qué había ordenado Moisés.

1. **Lee Deuteronomio 24:1-4.** ¿Moisés *ordenó* el divorcio o lo permitió? ¿Por qué es importante esa distinción?

La pregunta de Jesús nos ayuda a verlo con más claridad. Moisés nunca ordenó el divorcio, pero sí hizo concesiones para que fuera posible. El divorcio estaba permitido, dentro de ciertos parámetros, por culpa de la caída. El deseo de Dios era que las personas que habían sido creadas a su imagen tuvieran unidad y armonía perfecta. Él quería lo bueno y la bendición.

2. ¿Cómo crees que pudieron responder los fariseos a la respuesta de Jesús?

Los discípulos realmente querían aprender de Jesús, así que le preguntaron sobre ello en privado. A menudo, cuando Jesús tenía una conversación privada con sus discípulos después de hablar a una gran multitud, cambiaba su enfoque. A sus seguidores les ofrecía una respuesta más directa en comparación a la que les daba a los cínicos y críticos que realmente no querían entender.

En 10:11-12 Jesús pronunció algunas de sus palabras más desafiantes. De hecho, en el relato de Mateo acerca de esta conversación (Mateo 19:8-11), los discípulos parecían tan desconcertados por sus enseñanzas que dijeron que tal vez era mejor no casarse nunca. Aunque somos personas rotas y pecadoras, el diseño de Dios era perfecto y debemos buscar la santidad. ¡Hay esperanza para nosotros gracias a lo que Jesús consiguió en la cruz! Cuando el pecado asoma su sucia cabeza en nuestras vidas, 1 Juan 1:9 dice que la confesión y el arrepentimiento nos alinean de nuevo con Él.

3. **Repasa 10:13-16.** ¿Por qué crees que los discípulos reprendieron a los padres?

Como vimos en el último capítulo (9:36-37), a los niños no se los valoraba correctamente. Tratarlos con desprecio era lo normal en esa cultura, y hablar con ellos hubiera sido perder el tiempo para un rabino. Pero Jesús siguió revelando que Él vino a servir *a todos*. Jesús destacó la belleza del entusiasmo y la ausencia de cinismo en los niños, que era especialmente obvia cuando se comparaba con la actitud de los fariseos. El reino de Dios es para aquellos que aman a Dios y se emocionan por acercarse a Él; ¡como hicieron los niños!

4. **Repasa 10:17.** ¿Cómo esperarías que Jesús respondiera a la pregunta de este hombre?

El hombre al que solemos referirnos como "el joven rico" se acercó a Jesús con urgencia y respeto para hacerle una de las preguntas más importantes que alguien podría plantear; sin embargo, incluso al formular su pregunta mostró una falta de entendimiento sobre el reino. En su respuesta (10:18), Jesús no estaba negando su deidad; estaba animando al hombre a reflexionar acerca del significado de sus propias palabras.

"¿Qué haré para heredar la vida eterna?" supone que la vida eterna se consigue haciendo buenas obras. Este enfoque sigue a la cabeza de la teología hoy en día. Un estudio de 2020 descubrió que el 52 por ciento de quienes profesan ser cristianos en Estados Unidos creen que la aceptación de Dios viene por sus obras.[3]

Lo sorprendente es que en lugar de reprender la evidente falta de comprensión de este hombre de su propio pecado, el corazón de Jesús se llenó de compasión. El hombre afirmaba haber guardado todos los mandamientos, pero Jesús le hizo ver que el verdadero problema no eran sus acciones sino su corazón. Se aferraba a sus riquezas por encima de todo lo demás. Jesús dijo que era imposible depender de la riqueza y a la vez reconocer la pobreza espiritual.

Jesús no dijo que las riquezas fueran malas, sino que no son *lo más importante*. La Escritura nos habla de muchas personas ricas que utilizaron sus recursos dados por Dios para glorificarlo a Él. Lidia (Hechos 16:14-15), José (Génesis 41:41-43,56-57), la mujer sunamita (2 Reyes 4:8-10) y José

3. "American Worldview Inventory 2020 – At a Glance", Cultural Research Center, Arizona Christian University, https://www.arizonachristian.edu/wp-content/uploads/2020/08/AWVI-2020-Release-08-Perceptions-of-Sin-and-Salvation.pdf.

de Arimatea (Mateo 27:57-60) destacan por ser personas cuyas riquezas pertenecían al reino.

Pedro destacó que había dejado todo para seguir a Jesús, y Jesús afirmó que la vida eterna es para aquellos que están dispuestos a sacrificarlo todo por el evangelio. Pero también reconoció algo que muchos de nosotros preferiríamos ignorar: la promesa de persecución que conlleva.

5. ¿Cómo podrías reorientar tu modo de pensar sobre las riquezas en base a lo que has aprendido?

DÍA 2

MARCOS 10:32-52

LEE MARCOS 10:32-52

En el camino cuesta arriba hasta Jerusalén, el ambiente que se respiraba era una mezcla de asombro y temor. Aparentemente estaban de camino a celebrar una fiesta religiosa, pero Jesús les había dado a sus discípulos una imagen clara del sufrimiento emocional y físico que soportaría en su muerte (aunque prometió resucitar). Para los discípulos, eso desafiaba toda comprensión.

1. **Lee Isaías 9:6-7 y Jeremías 23:4-6.** Basándote en estos pasajes y en el hecho de que los judíos del primer siglo estaban bajo el gobierno romano, ¿qué crees que la mayoría de personas buscaban en el Mesías profetizado?

Para muchos, este esperado salvador sería un líder militar que derrotaría a sus opresores y protegería a Israel de las naciones que la rodeaban. Buscaban la salvación de la oposición humana, no la salvación eterna de sus almas; sus deseos eran demasiado cortos de vista. Santiago y Juan confirmaron esta mentalidad cuando le pidieron a Jesús un favor.

2. **Busca 10:37-40 en un comentario bíblico.** Resume esta sección en tus propias palabras.

La petición era una grave subestimación del reino y sobreestimación de sus capacidades. Jeremías 25:15 habla de una copa que representa la ira de Dios. Santiago y Juan parecían pensar que podían enfrentarse a la misma ira que Él tendría que soportar, ganándose un lugar de importancia en su reino. Lo interesante es que Jesús les dijo que, efectivamente, se enfrentarían al sufrimiento y a la persecución de estar relacionados con Él, pero que las posiciones de honor no estaban disponibles para repartir.

3. ¿Alguna vez has identificado en tu propia vida una mentalidad de acaparar gloria? Si es así, descríbela.

Jesús contrastó los valores del mundo de poder y autoridad con los valores del reino de servicio y humildad, y en 10:45 hace una de las declaraciones de propósito más claras acerca de su vida sobre la tierra. Su vida tenía dos objetivos: servir y dar su vida en rescate por muchos. El ejemplo que Jesús dejó a sus seguidores es que el ministerio no se trata de lo que el ministro obtiene sino de lo que da. Y en su mayor acto de servicio, Él *entregó voluntariamente* su vida por muchos; no se la quitaron.

4. Lee los pasajes siguientes y llena el cuadro.

Versículo	¿Qué hizo Jesús?	¿Cómo sirvió a la gente?
Romanos 5:10		
1 Pedro 3:18		
1 Corintios 15:3-8		
2 Corintios 5:21		
Isaías 53:1-12		
Colosenses 2:13-14		

Los creyentes se identifican con el sufrimiento de Jesús porque Él estuvo en el lugar de los pecadores culpables y se ofreció a sí mismo como sustituto por ellos. Teológicamente hablando, esto se conoce como expiación penal sustitutoria. La humanidad está separada de Dios y merece su ira por causa de nuestro pecado, ¡pero podemos recibir salvación en lugar del castigo que merecemos! Jesús, que es totalmente Dios y totalmente hombre, se ofreció como el sustituto para todos aquellos que quieran recibirlo (los "muchos" del 10:45).

Cuando Jesús y sus seguidores entraron a Jericó de camino a Jerusalén, se encontraron a un hombre pobre y ciego que había entendido mejor el mensaje mesiánico de Jesús que sus discípulos más cercanos. Cuando escuchó que Jesús se acercaba, nadie pudo callar a Bartimeo cuando intentó llamar la atención de Jesús. Parece que podría haber sabido que Jesús era el Mesías porque lo llamó "Hijo de David" (una referencia a Jeremías 23:5 y 2 Samuel 7:12-16). Cuando Jesús se detuvo y pidió que le trajeran a Bartimeo, éste se levantó de un salto.

5. ¿Respondes rápidamente cuando Jesús te llama?

La pregunta que Jesús le hizo a Bartimeo es la misma que les hizo a Santiago y a Juan: "¿Qué deseas que haga por ti?", pero aunque la respuesta de Santiago y Juan estaba llena de destellos de egoísmo, orgullo y una sobrestimación de sus capacidades, Bartimeo respondió con humildad.

6. **Busca la palabra *rabino* (10:51) en un diccionario de griego.** ¿En qué único otro lugar se utiliza esta versión (*raboní*) del título de Jesús? ¿En qué se diferencia de otros usos de la palabra *rabino*?

Esta versión de la palabra es tierna y personal, y también se entiende como una confesión de fe. Bartimeo pidió solo una cosa: sanidad. No pidió estatus; pidió libertad de las tinieblas. Jesús le concedió su petición y le dijo a Bartimeo que continuará su camino porque su fe le había sanado. Después de recobrar inmediatamente la vista, Bartimeo no siguió *su propio camino*; ¡siguió *el camino de Jesús*!

DÍA 3

MARCOS 11:1-11

LEE MARCOS 11:1-11

Este pasaje de Marcos está lleno de simbolismo y cumplimiento profético, mostrando una imagen del corazón y los valores de Jesús.

1. **Busca Betfagé y Betania en el mapa.** ¿A qué distancia está cada una de esas aldeas de Jerusalén?

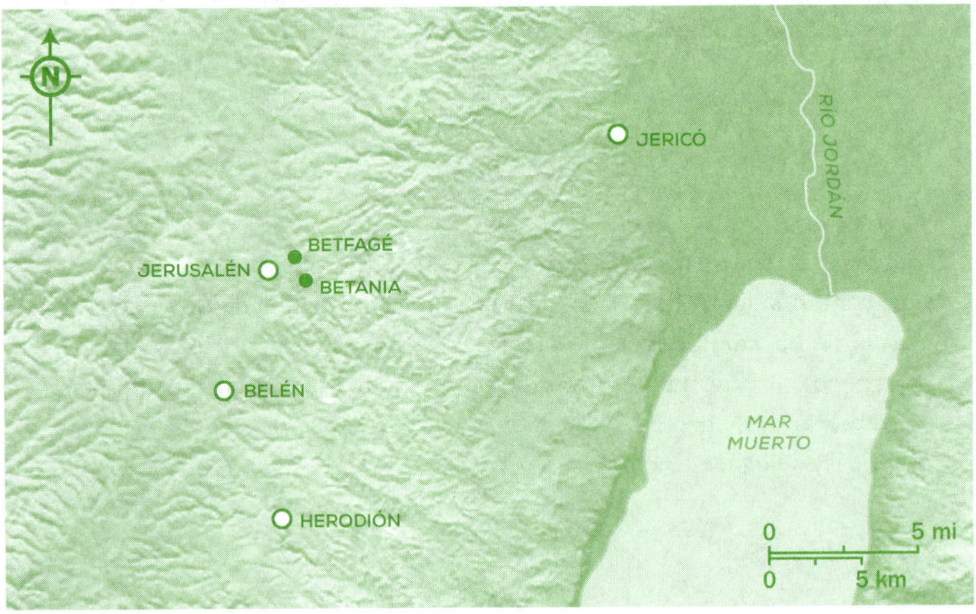

Jesús estaba llevando a cabo su plan con todos los tiempos medidos; su entrada en Jerusalén no fue al azar. Envió a dos discípulos para que hicieran unos recados muy específicos y hasta les dio un guion que debían seguir. Pidió un asno que nunca hubiera sido montado. Subirse por primera vez a la espalda de un animal que no ha sido domado parece una decisión extraña al principio, pero no conocemos los detalles de este viaje. Tal vez Jesús demostró su autoridad sobre todas las cosas y el asno caminó con calma; ¡o tal vez el viaje sobre él fue difícil!

2. **Lee Zacarías 9:9.** ¿Cómo cumplió Jesús esta profecía?

La costumbre en esos tiempos era que los gobernadores, reyes o guerreros victoriosos cabalgaran sobre un gran caballo o un semental en su entrada a la ciudad después de una gran victoria. Era un despliegue de poder y autoridad. Jesús, por el contrario, cabalgó sobre un asno que no había sido domado. No fue escoltado por sus ejércitos o por prestigiosos consejeros sino por un grupo de galileos comunes que habían decidido seguirlo.

3. **Lee las versiones de la entrada triunfal en los otros tres Evangelios (Mateo 21:1-11; Lucas 19:28-42; Juan 12:12-19).** ¿Qué más detalles notas en estas versiones? Anota un dato de cada una de las tres que ayuda a completar el cuadro.

Mateo 21:1-11	Lucas 19:28-42	Juan 12:12-19

Cuando Jesús comenzó a cabalgar desde el Monte de los Olivos hasta Jerusalén, las personas comenzaron a adorarlo físicamente y verbalmente. Cada una de sus acciones y palabras estaban llenas de significado.

4. **Repasa 11:8-10.** ¿Cuáles fueron las tres cosas que hizo la gente para adorar a Jesús en su camino hacia Jerusalén?

Una encuesta de 2020 sugiere que la persona promedio tiene 148 artículos de ropa.[4] Debido a la relativa pobreza de la persona promedio en los tiempos de Jesús, la mayoría de las personas solo tenían un manto. Las personas que adoraban a Jesús se quitaron sus mantos y los pusieron sobre el camino polvoriento. Las ramas (el Evangelio de Juan nos dice que eran hojas de palmera) simbolizaban poder político y victoria militar. Y los gritos de adoración no eran cualquier cosa; estaban llenos de expectativa y esperanza.

5. **Busca la palabra *hosanna* (11:9) en un diccionario de griego.** ¿Qué le pedía la gente a Jesús que hiciera?

6. **Salmos 118:25-29.** ¿Por qué los gritos de la gente cumplieron en parte este salmo mesiánico?

La gente gritaba pidiendo salvación. Parecían reconocer la naturaleza mesiánica de la presencia de Jesús, ya que invocaron en su adoración el reino de David. ¡Adoraban a Jesús gritándole *a Él* las palabras de la Escritura *acerca de Él*!

4. "Global Fashion Industry Statistics". Fashion United, https://fashionunited.com/global-fashion-industry-statistics.

7. ¿Por qué es poderoso o importante utilizar la Escritura como adoración?

8. Haz una lista de cantos de adoración que conozcas cuyas letras estén directamente sacadas de la Escritura.

En cumplimiento de Malaquías 3:1, cuando Jesús llegó a Jerusalén entró al templo y miró a su alrededor, observándolo todo y tal vez analizándolo lo que hará en la lectura de mañana. Después caminó de regreso a Betania con sus discípulos. Este versículo puede parecer decepcionante, pero para nada es el caso de este pasaje. El Dios del universo acababa de entrar en Jerusalén en la última semana de su vida. Este Salvador Siervo no llegó como un general conquistador o un poderoso gobernante, sino con humildad, montado sobre un asno. En esta escena, ¡Jesús permitió y recibió por primera vez proclamaciones públicas del cumplimiento de la promesa mesiánica! Cumplió las profecías del Antiguo Testamento y regresó a Betania sabiendo lo que le esperaba en los próximos días.

DÍA 4

MARCOS 11:12-25

LEE MARCOS 11:12-25

Recorriendo los tres kilómetros desde Betania de regreso al templo, Jesús tuvo hambre y vio a lo lejos una higuera. En 11:13 Marcos nos dice que el árbol tenía hojas pero que "no era tiempo de higos".

Algunos estudiosos creen que Jesús utilizó este árbol como ilustración para hablar de la hipocresía, maldiciendo un árbol que *parecía* tener fruto (tenía hojas), pero que no lo tenía. Si es así, era una ilustración apropiada para los fariseos, a quienes Jesús llamaba repetidamente hipócritas.

Otros estudiosos se enfocan en la parte del 11:13 que dice: "no era tiempo de higos"; algo de lo que Jesús sería consciente al haber vivido en una sociedad agrícola toda su vida. Desde este enfoque, Jesús no esperaba que la higuera tuviera higos, pero maldijo el árbol para mostrar su dolor por la falta de fruto de Israel.

1. Según lo que sabes, ¿qué interpretación prefieres y por qué?

Independientemente de la interpretación, el corazón de Dios por su pueblo estaba siendo revelado, así que lo que Jesús hizo después no sorprende. Jesús había estado en el templo en la tarde del día anterior analizando sus alrededores, y regresó para actuar en base a lo que vio.

2. **Repasa 11:15-16.** Enumera las cuatro acciones que Jesús llevó a cabo.

3. **Repasa 11:17.** ¿Qué términos utilizó Jesús para describir el templo?

En una de sus referencias, Jesús citó Isaías 56:7. Dios siempre ha amado a las personas de *todas* las naciones, y el templo era el lugar en el que ese amor debía haber sido más evidente. De hecho, incluso había una zona llamada Atrio de los Gentiles para todos los que no eran judíos.

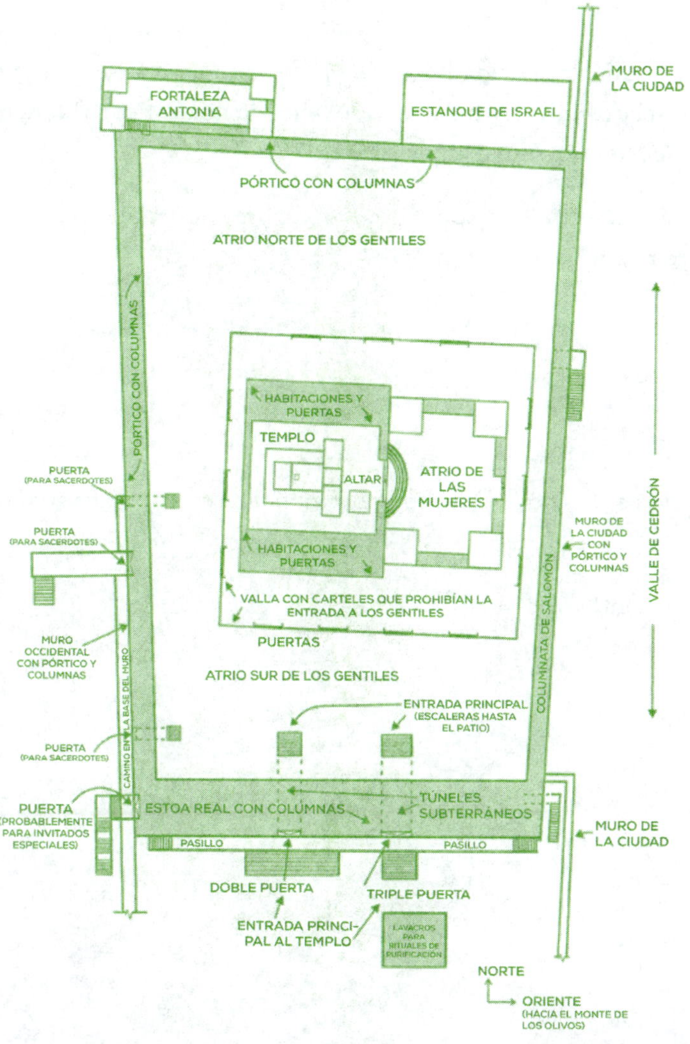

La gente llegaba al templo desde muy lejos y debía hacer sacrificios cuando llegaba. Viajar con un animal y esperar que siguiera libre de imperfecciones al llegar no era realista, así que aquellos que vendían animales ofrecían un servicio muy necesario. Sin embargo, sus prácticas de negocios eran corruptas e injustas; por eso Jesús los llamó ladrones. Tenían fama de abusar de los pobres y los turistas con sus precios. Habían convertido la casa de Dios en un lugar para satisfacer sus propios deseos en vez de un lugar en el que servir a todo el mundo. ¡Aquellos que llegaban al templo para obedecer a Dios se encontraban con los obstáculos que ponían las mismas personas que debían ayudarles a acercarse a Dios!

4. **Repasa 11:18.** ¿Cómo respondió la multitud a la enseñanza de Jesús? ¿Cómo respondieron los principales sacerdotes y los escribas?

De camino a salir de la ciudad, Jesús y los discípulos pasaron por la misma higuera que el día anterior había estado llena de hojas. Pedro comentó que la higuera se había secado completamente.

5. **Repasa 11:22-24.** Si se saca de contexto, ¿de qué manera podría usarse este pasaje incorrectamente?

6. Lee los siguientes pasajes y resume lo que dice cada uno acerca de la oración.

Romanos 8:26-28

Santiago 5:16

1 Tesalonicenses 5:16-19

Juan 15:7-11

Jeremías 29:12-13

1 Juan 5:14-15

Salmos 145:17-19

Santiago 1:5-8

Tener fe en Dios no significa que obtendremos todo lo que queramos. Tener fe en Dios es saber que su bondad y soberanía actuarán en conjunto por nuestro bien y para su gloria. También significa orar *expectantes* por las cosas que Dios ya ha prometido en la Escritura. Esto requiere humildad y sumisión a la Palabra de Dios, no un enfoque en nosotros mismos.

Jesús concluyó sus comentarios sobre de la fe y la oración con una instrucción y un recordatorio. Recuerda que Jesús no estaba dando una enseñanza completa acerca del perdón; lo estaba conectando con lo que acababa de enseñar acerca de la fe.

7. ¿Cómo puede la falta de perdón ser un obstáculo para la fe y la oración?

8. Describe un momento en el que la falta de perdón o la amargura te impidió ser fiel en la oración.

Jesús les recordó a sus discípulos que había un perdón ilimitado disponible para ellos y que perdonar a otros era parte de lo que significa tener fe en Dios.*

* Terminamos la lectura de hoy con el versículo 25 y comenzamos la lectura de mañana en el versículo 27, ¡y eso es a propósito! Muchas traducciones no incluyen Marcos 11:26 porque los estudiosos han llegado a la conclusión de que este versículo no lo escribió Marcos sino que se añadió en manuscritos posteriores.

DÍA 5

MARCOS 11:27-33

LEE MARCOS 11:27-33

Aunque los principales sacerdotes y los escribas buscaban destruir a Jesús por echar a los cambistas y volcar las mesas, Él regresó. Los líderes se encontraron allí con Él y le preguntaron quién le había dado la autoridad para hacer tales cosas; en otras palabras, "¿Quién te envió?".

Los escribas y fariseos solían hacerle preguntas a Jesús para intentar tenderle trampas o poner a las multitudes en su contra. Jesús, con mucha habilidad, hizo algo similar y le dio la vuelta a la situación. Delante de las multitudes, les preguntó por el reconocido y venerado JEB.

1. **Repasa 11:31-32.** ¿Qué dice su diálogo interno de sus principales motivaciones?

Aparentemente, temían la revuelta del pueblo. Pero a un nivel aún más profundo sabían que si el bautismo de JEB era del cielo, entonces lo que había dicho de Jesús también debía ser cierto. No les motivaba el deseo de conocer la verdad, sino la autopreservación y mantener el *statu quo*.

2. ¿Alguna vez has intentado evitar la verdad (al escucharla o al declararla) en un intento de protegerte a ti mismo? Describe el impacto que esto tuvo sobre ti (emocionalmente, espiritualmente, físicamente, etc.).

En lugar de responder a Jesús con integridad intelectual y humildad, respondieron con una mentira: "No lo sabemos". Y como no estaban interactuando con Jesús para buscar la verdad, Jesús simplemente se negó a interactuar con ellos.

3. **Lee Juan 3:17-21.** ¿De qué manera impacta la verdad de este pasaje tu manera de ver a Dios y acercarte a Él?

A nuestro Dios soberano y omnisciente no le sorprendieron las mentiras de los líderes religiosos porque Él conocía sus pensamientos. Esto puede ser una realidad sobrecogedora (el hecho de que Dios conozca nuestros pensamientos), pero solo si lo vemos como alguien que está esperando para castigarnos por cada error o pecado. ¡Pero Jesús vino para buscar y salvar a los perdidos y quebrantados por el gran amor de Dios para con aquellos que han sido hechos a su imagen! Él pide que nos acerquemos reconociendo nuestra imperfección y necesidad de Él, renunciando a la mentira de nuestra autosuficiencia. Él vino para servir a aquellos que no pueden servirse a sí mismos.

Jesús desafió las expectativas que había sobre los líderes en el primer siglo. Era humilde, no respondía a las provocaciones, entró en la ciudad montado sobre un asno y animó a sus seguidores a perdonar. Todas estas cosas muestran el corazón de Aquel que vino a servir y a dar su vida en rescate por muchos. Él demostró que el camino al gozo pasa por el servicio en humildad, y nos invita a seguirlo en ese camino, ¡porque Él es la fuente de gozo!

4. ¿Qué es lo que más te ha llamado la atención del estudio de esta semana? ¿Por qué?

5. ¿Qué has aprendido o reaprendido acerca de Dios y su carácter esta semana?

DÍA 6

SALMO CORRESPONDIENTE Y ORACIÓN

LEE SALMOS 145

1. ¿Qué correlación ves entre Salmos 145 y el estudio de esta semana sobre Jesús y su reino?

2. ¿Qué porciones de este salmo te llaman más la atención?

3. Termina haciendo esta oración en voz alta:

Padre,

¡Tú mereces mi adoración para siempre! Tú eres mi Rey, y bendigo tu nombre. Da igual las veces que te alabe; nunca conseguiré expresar toda tu bondad. Eres misericordioso y no me das el castigo que merezco. Estás lleno de gracia y me das bendiciones que nunca podría ganarme. ¡Tu amor inagotable sobreabunda en mi vida! Cada cosa que haces no solo es justa, sino que también es buena. No hay nadie como tú.

A diferencia de ti, yo soy pecador. Confieso que he huido de la verdad como los escribas y los principales sacerdotes. Me ha preocupado más la autopreservación y ganarme el respeto de los demás. Como Santiago y Juan, he intentado acaparar toda la gloria para mí mismo, pero yo no merezco gloria, Dios; solo tú la mereces. Confieso que he sido muchas veces como el joven rico, poniendo demasiada importancia en mi obediencia y subestimándote demasiado. A veces mis posesiones han sido una distracción en mi vida, y me arrepiento.

¿Podrás cambiar mi corazón, Dios? Dame un corazón que te ame por encima de todo lo demás y que busque tu gloria en lugar de la mía. Dame un corazón que ame la verdad, haz morir mi temor y mi autopreservación y enséñame a ser un siervo como tu Hijo Jesús.

Te rindo mi vida, Señor; en cada momento de mi día y en cada decisión que tome, rindo mi voluntad y mis caminos ante tu voluntad y camino perfectos.

Yo también te amo. Amén.

DÍA 7

DESCANSA, PONTE AL DÍA O PROFUNDIZA

RETO SEMANAL

Cuando Jesús entró en Jerusalén una semana antes de su muerte, las personas lo adoraron citando el Salmo 118. Algunos dicen que los cantos de adoración que cantamos son igual de importantes que los sermones que escuchamos, ya que se quedan en nuestra mente por más tiempo y suelen llegarnos más a menudo directamente al corazón. Juan 4:24 dice que debemos adorar a Dios en espíritu y en verdad. Teniendo en cuenta que la Palabra de Dios es la máxima fuente de la verdad, tiene sentido que queramos que nuestra adoración esté en consonancia con la Biblia. Para el reto de esta semana, busca la letra de tu canto de adoración favorito. Utiliza cualquier recurso que encuentres para buscar apoyo bíblico para la letra del canto y escríbelo en tu diario o en una hoja en la que hayas impreso la letra. Si tienes dificultad, pídele a un pastor, líder de alabanza, amigo de confianza o mentor que te ayude.

SEMANA 8

Marcos 12-13:

La economía del Siervo

VERSÍCULO PARA MEMORIZAR

"Arrojando su manto, se levantó de un salto y fue a Jesús".

Marcos 10:50

LECTURA BÍBLICA DIARIA

Día 1: Marcos 12:1-17

Día 2: Marcos 12:18-34

Día 3: Marcos 12:35-44

Día 4: Marcos 13:1-23

Día 5: Marcos 13:24-37

Día 6: Salmos 102

Día 7: Para ponerse al día

Corresponde a los Días 308 y 310 de *La sinopsis de la Biblia*

RETO SEMANAL

Ver la página 217 para más información.

DÍA 1

MARCOS 12:1-17

LEE MARCOS 12:1-17

Cuando lo dejamos al final del capítulo 11, Jesús y sus discípulos habían estado caminando por el templo en Jerusalén. Allí, los líderes religiosos judíos habían insistido en que Él respondiera a una pregunta que se resumía en: "¿Quién te crees que eres?". Después de poner a los líderes en su lugar, Jesús les contó una historia.

Durante su ministerio, Jesús a menudo utilizaba parábolas cuando hablaba a grandes multitudes de gente común; sin embargo, cuando los líderes religiosos se negaron a responderle (11:33), Jesús usó una parábola para hacer una acusación no muy sutil.

1. **Repasa 12:1-9.** Une los personajes de las parábolas con quienes representan.

Dueño de la viña	Fariseos
Labradores	Jesús
Siervos	Dios
Hijo	Profetas

Cuando Jesús terminó su parábola, dejó claro otro punto teológico para los fariseos. Les preguntó si habían leído Salmos 118:22-23, que dice: "La piedra que desecharon los edificadores ha venido a ser la piedra principal del ángulo. Obra del Señor es esto; admirable a nuestros ojos". Cada vez que Jesús les preguntaba a los fariseos si habían leído la Escritura, la respuesta era obviamente que sí lo habían hecho, pero que no habían entendido lo que habían leído. Estaban demasiado enfocados en demostrar que eran justos para ver que Jesús era el cumplimiento de esta Escritura.

2. ¿Qué buscas cuando lees la Escritura?

3. ¿Cómo podría esto afectar a lo que te salta a la vista y lo que pasas por alto?

Por supuesto que los fariseos habían leído el Salmo 118. Sabían que era un salmo mesiánico que hablaba del rechazo del Mesías por parte de los líderes de Israel, y ellos faltaban al respeto y despreciaban al Hijo de Dios igual que los labradores de la parábola. El salmo también profetizaba acerca de la aceptación de la iglesia del Hijo como heredero de Dios y su lugar como piedra angular del reino. Mientras los líderes religiosos lo rechazaban, las personas de la iglesia que Él estaba edificando lo recibían con los brazos abiertos.

Los fariseos sintieron el pinchazo de la acusación de Jesús y se fueron para buscar una manera de arrestarlo.

En la siguiente escena en el templo de Jerusalén, los fariseos regresaron, y esta vez se unieron a los herodianos. Los herodianos eran un grupo político judío que apoyaba las concesiones que Herodes había hecho con Roma. Los herodianos y los fariseos raras veces se juntaban, pero consiguieron poner a un lado sus diferencias para unirse en su odio hacia Jesús.

Le tendieron otra trampa en forma de pregunta envuelta en adulación.

4. **Repasa 12:13-14.** ¿Cómo adularon los fariseos y los herodianos a Jesús?

5. ¿Qué le preguntaron?

Los fariseos a menudo intentaban forzar a Jesús a enfrentar a Roma con la religión. Si Jesús hubiera respondido "sí" a su pregunta, habría sugerido que apoyaba al gobierno romano que oprimía al pueblo judío. Mucha gente veía eso como comprometer la devoción a Dios. Si Jesús hubiera respondido "no" a su pregunta, se habría considerado una rebelión contra Roma e incluso hasta traición, lo cual habría sido suficiente para arrestarlo. En sus mentes, respondiera como respondiera desecharía los mandamientos de Dios o quebrantaría las leyes romanas.

Pero, como solía hacer, Jesús vio su trampa y respondió con una verdad que iba más allá de lo que le habían preguntado en primer lugar. Tanto antes como ahora, todas las personas son la imagen de Dios y cada una tiene que responder ante las leyes de esta tierra. Los cristianos alrededor del mundo somos llamados a someternos a la autoridad tanto temporal como eterna.

6. **Repasa 12:15-17 y lee Génesis 1:27.** Después llena la tabla siguiente.

Esto...	lleva la imagen de...	así que pertenece a...
Denario		
Humano		

La respuesta de Jesús enseñaba a la gente a someterse a la autoridad: tanto a la de Roma como a la de Dios. Pero no puso las dos al mismo nivel; puso cada autoridad en su lugar. La autoridad de Roma no se comparaba con la de Dios. Era temporal, así que aunque era correcto someterse a la autoridad de Roma pagando impuestos y cumpliendo sus leyes, no duraría para siempre. Pero la autoridad de Dios es eterna. Siempre es correcto someterse a Su autoridad porque es suprema y dura para siempre.

DÍA 2

MARCOS 12:18-34

LEE MARCOS 12:18-34

Todavía en el templo de Jerusalén, los saduceos aprovecharon su turno para ponerle una trampa a Jesús. Le preguntaron acerca de la vida eterna, en la cual los saduceos no creían. Ellos solo seguían el Pentateuco (los primeros cinco libros de la Biblia) y afirmaban que este no contenía ninguna enseñanza sobre la vida eterna.

Los saduceos tendieron su trampa alrededor de una de las leyes que Dios le había dado a su pueblo para asegurarse de que se cuidara de las personas vulnerables.

1. **Lee Deuteronomio 25:5.** ¿Qué decía esta ley?

Quienes hicieron la pregunta se inventaron una historia acerca de una viuda que se había casado siete veces. Fingieron estar preocupados por esta mujer hipotética preguntando si ella tendría siete maridos en el cielo.

Algo a tener en cuenta: la respuesta de Jesús de que no habrá matrimonios humanos en el cielo puede haberte hecho sentir incómodo. Si estás casado, tal vez tu matrimonio ha sido un reflejo de la bondad de Dios para contigo. Si eres soltero, tal vez hayas sentido el dolor de la mentira de que Dios te niega su mejor regalo. No te desanimes. Anímate. Independientemente de cuál sea nuestra situación aquí en la tierra o si nuestras relaciones más cercanas han sido fuente de gozo o de dolor, esas relaciones serán diferentes en la vida venidera. El cielo no es una extensión de esta vida sino una *nueva* vida. ¡Hasta los mejores y más hermosos regalos que tengamos aquí se quedarán cortos en comparación con lo que nos espera allí como la novia de Cristo!

Además, la pregunta de los saduceos no era realmente sobre su hipotética viuda o el estado civil de esta; su pregunta era acerca de la resurrección de los muertos, la cual negaban. Como afirmaban que el Pentateuco no tenía enseñanza sobre la vida eterna, Jesús los llevó de regreso a un pasaje que conocían bien y les enseñó lo que habían pasado por alto durante todo ese tiempo.

2. **Lee Éxodo 3:6.** Escribe lo que Dios le dijo a Moisés.

3. **Lee Romanos 8:38-39.** ¿Qué es lo primero que *no* puede separarnos del amor de Dios?

En Éxodo, Dios habló de Abraham, Isaac y Jacob como si aún estuvieran vivos. ¡Porque lo estaban y aún lo siguen estando! Y llegará el día en el que ellos también serán resucitados de los muertos. Como el pacto de amor de Dios con su pueblo se extiende más allá de la muerte, Dios siempre ha sido (y siempre será) el Dios de los vivos.

No todos los líderes religiosos del templo que escucharon las enseñanzas de Jesús se marcharon enojados. Un escriba que había estado escuchando con atención tenía una respuesta muy diferente.

4. **Repasa 12:28.** ¿Qué pensaba el escriba acerca de las respuestas de Jesús a los líderes religiosos? En tus propias palabras, escribe la pregunta del escriba.

El escriba pasaba sus días leyendo y copiando la Escritura. El Antiguo Testamento estaba lleno de las leyes de Dios: más de seiscientas leyes. Algunos maestros religiosos insistían en que cada ley era igual de importante, pero otros habían creado una jerarquía de qué leyes *realmente* debían ser cumplidas y cuáles era aceptable pasarlas por alto.

El escriba quería saber: ¿Qué mandamiento es el más importante? En el centro de la pregunta sincera del escriba hay otra pregunta que los hijos de Dios han intentado responder desde el principio de los tiempos: "¿Cómo puedo vivir de manera que agrade a Dios?". ¿Te has preguntado algo así alguna vez? *¿Por qué estoy aquí y qué debo hacer? ¿Cómo debo vivir? ¿Cuál es el propósito del ser humano?* Al margen de cómo se planteen, todas estas preguntas giran en torno a nuestro propósito.

5. **Lee Mateo 22:35-40 y Lucas 10:25-28. Después repasa Marcos 12:29-31.** ¿En qué se diferencia la versión de Marcos de la respuesta de Jesús?

Marcos es el único que incluye el uso de Jesús del Shema, una declaración de fe judía sacada de Deuteronomio 6:4. En hebreo, *shema* viene de la palabra que significa "escuchar", e incluso hoy en día los judíos religiosos lo repiten dos veces al día. Es un componente vital del judaísmo. El Shema afirma la unidad de Dios y su pacto con Israel.

6. ¿Por qué comenzó Jesús su respuesta al escriba con el Shema? **Utiliza un comentario bíblico si necesitas ayuda.**

7. Según Jesús, ¿cuál es el mandamiento más importante?

8. ¿Cuál es el segundo?

Al escriba se le encendió una luz y estuvo de acuerdo, emocionado, en que el interés de Dios es lo que ocurre en el interior de una persona y no solo en lo exterior. Estos dos mandamientos no excluye ninguno ni hacen una jerarquía de las leyes de Dios, sino que las resume todas. El escriba entendió que la obediencia a las leyes de Dios viene del corazón, y Jesús afirmó su sabiduría.

9. ¿Cuál de estos dos mandamientos te resulta más desafiante? ¿Por qué?

DÍA 3

MARCOS 12:35-44

LEE MARCOS 12:35-44

Ayer nuestra lectura terminó con: "Y después de eso, nadie se aventuraba a hacer más preguntas" (12:34). Jesús había respondido a todo lo que le habían preguntado, ya fuera una trampa para incriminarlo o una pregunta que buscaba una respuesta genuina, con la sabiduría y el conocimiento de Dios. Y habiendo callado a los preguntones, le tocaba a Jesús hacer una pregunta.

1. **Repasa Marcos 12:35-37.**

Jesús pregunta si el Mesías es el *hijo* de David o el *Señor* de David. En el Salmo 110 David, lleno del Espíritu Santo, profetizó que el Mesías no sería solo su hijo sino también su Señor. Jesús no estaba negando que era descendiente de David, sino más bien estaba explicando que también era el Hijo de Dios.

2. **Lee Romanos 1:1-6.** ¿Cómo conecta el resumen que hace Pablo del evangelio con el salmo de David y la enseñanza de Jesús?

Entre los líderes religiosos judíos de los tiempos de Jesús había mucha corrupción y sus corazones estaban endurecidos. Ayer leímos que Jesús elogió a un escriba por su sabiduría, pero él era la excepción de la regla. Los líderes religiosos del momento no tenían un salario oficial y eran mantenidos por las personas a las que enseñaban y guiaban. La idea era que los líderes sirvieran y también fueran servidos.

El problema era que muchos de estos líderes religiosos reclamaban un estatus social que excedía su autoridad religiosa. Se negaban a servir mientras que explotaban a aquellos que les servían. Jesús advirtió a sus seguidores en cuanto a ellos. Puede ser fácil dejarse llevar por lo llamativo y olvidar que nuestro Salvador demostró un corazón de servicio.

3. **Repasa 12:38-40.** Según Jesús, ¿cuáles son las cinco cosas que hacían estos escribas corruptos?

4. **Lee Santiago 1:27.** ¿En qué se diferencia la lista anterior de lo que Santiago llamaba la religión "pura y sin mancha"?

Estaban más interesados en su propio estatus y apariencia, haciendo oraciones largas, no porque les encantara hablar con Dios sino por pretensión. Su enfoque en sí mismos les dejaba sin atención que dedicar a aquellos que estaban en necesidad. Jesús dijo que su condenación sería mayor; la Escritura habla de que los líderes deben conformarse a un estándar más elevado; pero en lugar de ocuparse de las necesidades de los vulnerables, los escribas se aprovechaban. Mientras, una de esas personas vulnerables dio todo lo que tenía.

5. **Repasa 12:41-44.** ¿Qué dijo Jesús acerca de la ofrenda de la viuda?

Jesús se tomó el tiempo de fijarse en esta mujer y hablar sobre ella por el gran contraste con los líderes religiosos. Sus acciones demostraban un corazón de fe y generosidad. Su enfoque era externo, y Jesús la honró.

Desde la ofrenda de la viuda hasta su arresto, Jesús pasó su tiempo lejos del público y en compañía de sus discípulos. Después de que los líderes corruptos fracasaran al intentar engañar a Jesús, pero antes de que Él se alejara de las multitudes, Jesús les mostró a sus seguidores una preciosa imagen de fe. No sabemos qué ocurrió con la mujer que dio todo lo que tenía, pero conocemos el corazón de Jesús: Aquel que provee todo lo que necesitamos. Nosotros tenemos vida porque Él entregó la suya. En su economía, dar poco con fe produce una cosecha abundante; y en su reino los últimos son los primeros.

6. Describe un momento en el que dar de manera sacrificial te produjo gozo.

DÍA 4

MARCOS 13:1-23

LEE MARCOS 13:1-23

Cuando Jesús y los discípulos abandonaron el templo, uno de ellos hizo un comentario sobre la magnificencia del edificio. ¡Y la verdad es que *sí* era magnífico! Bajo el reinado de Herodes, el templo se amplió y se añadieron hermosos adornos. Era una obra maestra arquitectónica y artística, pero Jesús les dijo algo que aguó bastante la fiesta.

1. **Repasa 13:2.** En tus propias palabras, escribe lo que Jesús les dijo a los discípulos acerca del templo.

Cuando Jesús se sentó en el Monte de los Olivos, Pedro, Santiago, Juan y Andrés fueron a buscarlo para aclarar algo. Ya hemos visto esto antes: después de que Jesús hacía una declaración pública confusa o perturbadora, explicaba el significado a sus discípulos en privado.

Desde su lugar en el Monte de los Olivos a las afueras de Jerusalén, Jesús y estos cuatro discípulos tenían unas vistas impresionantes de Jerusalén y del templo. Si alguna vez has visto tu ciudad desde la ventanilla de un avión o desde lo alto de una montaña después de una escalada, espero que te hayas maravillado momentáneamente al reflexionar en pensamientos e ideas más grandes que tú mismo.

Desde su vista de gran angular del hermoso templo, Jesús dijo que sería destruido. Se refería a la destrucción literal del templo que ocurriría no mucho después de su muerte, durante la primera guerra judeo-romana en el año 70 d. C. Ahora sabemos que esa guerra no fue el principio del apocalipsis, pero en ese momento seguramente los discípulos asociaron la predicción de Jesús sobre la destrucción del templo con el final de los tiempos. Así que le hicieron a Jesús dos preguntas sobre el apocalipsis: ¿cuándo ocurrirán estas cosas? Y ¿cómo sabremos que han ocurrido?

Los versículos restantes de este capítulo contienen algunos de los datos teológicamente más complejos que estudiaremos en Marcos. Este pasaje se conoce como el discurso del olivar (porque tuvo lugar en el Monte de los Olivos), y en estos versículos encontramos las enseñanzas de Jesús acerca de los últimos tiempos.

2. ¿Qué te hacen sentir las palabras *últimos tiempos*? ¿Ansiedad, frustración, emoción, curiosidad u otra cosa?

3. Tómate un momento para detenerte y orar. Dile a Dios cómo te sientes y pídele que esté contigo mientras estudias sus enseñanzas acerca de este tema.

4. **Repasa 13:3-23.** Mientras lees, hazte estas preguntas: A) ¿Para quién es este mensaje? y B) ¿Qué parte de este mensaje es información y qué parte es enseñanza?

Estamos viviendo en lo que Gálatas 1:4 llama "presente siglo malo", que continuará hasta la segunda venida de Cristo. Las cosas que Él enumeró como "el comienzo de dolores" han estado ocurriendo desde siempre (guerras, terremotos y hambrunas), y por eso muchas generaciones anteriores también han tenido la sensación de que estaban en los últimos tiempos.

5. **Repasa 13:6-13.** Enumera algunos de los "dolores" que caracterizarán los últimos tiempos.

6. **Repasa 13:14.** Utiliza una Biblia de estudio para definir "abominación de la desolación". **Asegúrate de leer Daniel 9:27, 11:31, y 12:11 antes de definirlo.**

Algunos teólogos ven la profanación del templo por parte del anticristo como una referencia al templo actual, lo cual significa que ocurrió hace casi dos mil años. Otros piensan que el templo se refiere al pueblo de Dios, lo cual significa que aún estaría por llegar. Utilizando este punto de vista, la tribulación que está por llegar incluiría el mayor sufrimiento que ha existido desde el principio de la creación. Jesús no suavizó nada de esto, pero ¿te has fijado en la bondad de Dios en medio de este pasaje que podría producir temor?

7. **Repasa 13:20.** ¿Qué hará Dios por sus hijos?

La respuesta de Jesús lidiaba principalmente con la segunda pregunta de los discípulos, hablando acerca de las señales de los últimos tiempos en lugar de cuándo iba a ocurrir. La información que Dios nos da acerca de eventos del futuro debería influir en cómo vivimos el presente. Si nos ocupamos de hacer afirmaciones intentando adivinar el momento en el que vendrá el fin, no viviremos de manera plena y justa el momento en el que estamos ahora.

Mañana seguiremos estudiando el discurso del olivar, pero con lo que sabemos hasta ahora, tómate un momento para responder a las dos preguntas que te hiciste mientras estudiabas.

8. ¿Para quién es este mensaje?

9. ¿Qué es información y qué es enseñanza? En los versículos siguientes, subraya la información y haz un círculo alrededor de las instrucciones.

- Muchos vendrán en Mi nombre diciendo: "Yo soy el Cristo", y engañarán a muchos. Cuando ustedes oigan de guerras y de rumores de guerras, no se alarmen; es necesario que todo esto suceda, pero todavía no es el fin. (13:6-7)
- Porque se levantarán falsos Cristos y falsos profetas, y mostrarán señales y prodigios a fin de extraviar, de ser posible, a los escogidos. Pero ustedes, estén alerta; vean que se lo he dicho todo de antemano. (13:22-23)

Estas palabras pueden parecer oscuras y dar miedo, pero para aquellos que conocen a Cristo están llenas de esperanza. Cuando Él regrese, el momento que la creación ha estado anhelando desde la caída del hombre comenzará, ¡y todas las cosas serán hechas nuevas!

DÍA 5

MARCOS 13:24-37

LEE MARCOS 13:24-37

Continuando con el discurso del olivar, Jesús les dijo a sus discípulos que después de la tribulación las cosas cambiarían de manera radical. Algunos teólogos creen que se refería a que las fuerzas de la naturaleza cambiarán y el cosmos será transformado. Otros creen que era una metáfora acerca de las autoridades políticas y religiosas, que caerán de sus posiciones de poder cuando su regreso revele su reinado soberano. Sin considerar el punto de vista que tengas, el mensaje principal sigue siendo el mismo: la creación responderá con justicia a este evento extraordinario cuando Cristo el Creador, que vino primero en humildad, ¡venga de nuevo en gloria!

1. **Repasa 13:24-27. Lee Apocalipsis 19:11-16. Después lee Marcos 11:1-11.** Llena el cuadro siguiente, anotando detalles de los dos eventos.

Entrada triunfal	El regreso de Jesús

Después de escuchar a Jesús hablar sobre las señales de los últimos tiempos, la profanación del templo, las pruebas a las que se enfrentarían los creyentes e incluso los cambios que ocurrirían en su entorno, la siguiente pregunta de los discípulos seguramente fue: "¿¡Cuándo ocurrirá todo esto!?". Antes de poder preguntar, Jesús respondió a esta pregunta con una ilustración.

Como mencionamos antes, hay varios lugares en la Escritura en los que Jesús utiliza las higueras como ilustración. Aunque la higuera tenía diferente simbolismo en otros pasajes, aquí seguramente era un ejemplo simple y fácil de entender de cómo marcar el paso del tiempo y la temporada venidera. Jesús les dijo que cuando todas las señales hubieran tenido lugar, llegaría la siguiente era.

2. **Repasa 13:30.** Llena el espacio en blanco siguiente:

> "En verdad les digo que no pasará ______________________ hasta que todo esto suceda".

Con el tiempo, los estudiosos de la Biblia han llegado a varias conclusiones acerca de lo que significaba "esta generación": los discípulos en su tiempo, los discípulos que seguían vivos en el 70 d. C. cuando el templo fue destruido, el pueblo judío cuando se constituyó la nación moderna de Israel, las personas que estarán vivas cuando comience la tribulación, los cristianos, los no cristianos, la humanidad en general... y más. Ya sabemos que algunas de estas cosas están equivocadas porque Cristo no ha regresado y aquellos que estaban vivos en ese momento ya están muertos. En cuanto a los demás, aún no sabemos, así que no nos aferramos a nuestras interpretaciones.

El enfoque más común hoy en día es que se refiere a la iglesia: Jesús estaba diciendo que la "generación" de verdaderos creyentes seguirá existiendo hasta que Él regrese. Sin embargo, si insistimos en la incertidumbre de nuestra interpretación de los asuntos secundarios y terciarios, por mucha investigación que haya detrás o lo bien explicados que estén, nos perderemos lo más importante. Y ¿qué es lo más importante? El siguiente versículo nos lo dice.

3. **Repasa 13:31.** Llena el espacio en blanco a continuación:

> "El cielo y la tierra pasarán, pero ______________________ no pasarán".

Dios ama a sus hijos y nos dejó su Palabra. Esta perdurará en medio de este siglo malo y perdurará más allá de que este siglo termine. Cuando todo lo demás falla y se derrumba (desde la naturaleza hasta los líderes mundiales), su Palabra se mantiene firme. No necesitamos aferrarnos a nuestras ideas sobre el momento del fin de los tiempos. Necesitamos aferrarnos a Su Palabra.

Jesús les dio a sus discípulos señales que buscar, pero la naturaleza humana nos dice que ellos seguramente seguían queriendo saber una fecha y una hora. De nuevo, antes de que pudieran incluso hacer la pregunta, Jesús se adelantó.

4. **Repasa 13:32-37.** ¿Quién no sabe "el día ni la hora"? ¿Quién sí lo sabe?

Es importante fijarse aquí en que la afirmación de Jesús no era una negación de su divinidad eterna, sino una afirmación de su humanidad temporal. Si los discípulos hubieran necesitado saber la fecha del final de los tiempos, Jesús se lo habría dicho. Si nosotros necesitáramos saber la fecha del final de los tiempos, Dios nos lo habría dicho. Pero un calendario obstaculizaría nuestra fe en lugar de aumentarla.

Seguramente no nos equivocamos al afirmar que todas las generaciones de cristianos han pensado que estaban viviendo en los últimos tiempos, y eso es algo bueno. Si *creemos* que estamos viviendo en los últimos tiempos, entonces viviremos *como si eso fuera cierto*. Eso no significa que nuestras mentes deberían estar haciendo cálculos o que nuestros corazones deberían angustiarse. En Marcos 13 hay decenas de imperativos que nos dan instrucciones acerca de cómo prepararnos para los últimos tiempos. Nos dicen cómo vivir mientras esperamos el día de su glorioso regreso.

5. Escribe las instrucciones que dio Jesús en cada uno de los versículos a continuación.

13:11 ______________________________

13:23 ______________________________

13:35 ______________________________

13:37 ______________________________

Para concluir este capítulo, revisemos una pregunta que respondiste ayer: "¿Qué te hacen sentir las palabras *últimos tiempos*? ¿Ansiedad, frustración, emoción, curiosidad u otra cosa?".

6. ¿Ha cambiado en algo tu respuesta después de dos días de estudio?

Independientemente de nuestras convicciones, creencias, o sentimientos acerca de los últimos tiempos, los creyentes podemos regocijarnos. Él vino. Él volverá. ¡Y Él es la fuente de gozo!

7. ¿Qué es lo que más te ha llamado la atención del estudio de esta semana? ¿Por qué?

8. ¿Qué has aprendido o reaprendido acerca de Dios y su carácter esta semana?

DÍA 6

SALMO CORRESPONDIENTE Y ORACIÓN

LEE SALMOS 102

1. ¿Qué correlación ves entre Salmos 102 y el estudio de esta semana sobre Jesús y su reino?

2. ¿Qué porciones de este salmo te llaman más la atención?

3. Termina haciendo esta oración en voz alta:

Padre,

Tú eres el Dios que nunca está demasiado ocupado para escucharme. Siempre estás involucrado en todo lo que ocurre en mi vida; lo ves todo y lo entiendes incluso mejor que yo. ¡Gracias por eso! Es un consuelo saber que las cosas que enfrento hoy no se escapan de tu cuidado o tu control.

Pero confieso que me es fácil perder a veces la esperanza. En lugar de sentirme emocionado por el regreso de tu Hijo y hablar a otros de su salvación, el final me da miedo. Pongo en marcha estrategias para evitar el dolor y seguir en control. Me he revolcado en la autocompasión como si no hubiera esperanza. El estrés infinito y las pruebas de mi vida me atrapan. He dejado que la soledad y la desesperación me aplasten en lugar de buscar en ti mi propósito y mi gozo, y me arrepiento. Ayúdame a alejarme de mis pecados y a caminar en tus sendas que son justas. ¡Tus caminos son mejores, Dios!

Ayúdame a anhelar el regreso de tu Hijo. Dame ojos para ver tus bendiciones, oídos para escuchar tus palabras de ánimo y un corazón que te ame por encima de todo lo demás. En las áreas en las que me he enfocado en mí mismo, sácame de ese lugar y ayúdame a ser consciente de aquellos a mi alrededor a quienes puedo servir. Glorifícate a medida que me sigues transformando a la imagen de tu Hijo Jesús, a través del poder de tu Espíritu que vive en mí.

Te rindo mi vida, Señor; en cada momento de mi día y en cada decisión que tome, rindo mi voluntad y mis caminos ante tu voluntad y camino perfectos.

Yo también te amo. Amén.

DÍA 7

DESCANSA, PONTE AL DÍA O PROFUNDIZA

RETO SEMANAL

En Marcos 12:28-31 Jesús recitó el Shema, que se encuentra originalmente en Deuteronomio 6:4-5. Hizo referencia a su mensaje cuando hablaba de los dos mandamientos que resumen el Antiguo Testamento y muestran el corazón de Dios. Esta semana investiga acerca del Shema utilizando una Biblia de estudio, un comentario u otra fuente de confianza. Después, crea una pieza de arte visual con el Shema. Colócala en un lugar que puedas verla, y prueba orar esas palabras todos los días.

SEMANA 9

Marcos 14:

El corazón del Siervo

VERSÍCULO PARA MEMORIZAR

Y dirigiéndose a él, Jesús le preguntó: «¿Qué deseas que haga por ti?». Y el ciego le respondió: «Raboní, que recobre la vista».

Marcos 10:51

LECTURA BÍBLICA DIARIA

Día 1: Marcos 14:1-11

Día 2: Marcos 14:12-25

Día 3: Marcos 14:26-42

Día 4: Marcos 14:43-65

Día 5: Marcos 14:66-72

Día 6: Salmos 26

Día 7: Para ponerse al día

Corresponde al Día 313 de *La sinopsis de la Biblia*

RETO SEMANAL

Ver la página 240 para más información.

DÍA 1

MARCOS 14:1-11

LEE MARCOS 14:1-11

En el inicio de la lectura de hoy se acercaban rápidamente fechas importantes en el calendario judío.

1. **Lee Éxodo 13:3-10 y Levítico 23:4-8. Utilizando el texto y un comentario responde a las preguntas siguientes.**

    ¿Cuándo tuvieron lugar las celebraciones?

    ¿Cuánto duraron las celebraciones?

    ¿Qué se conmemoraba o celebraba?

¿Dónde tuvieron lugar los acontecimientos y quién se esperaba que participara?

La población de Jerusalén aumentaba temporalmente a medida que judíos devotos hacían su peregrinaje anual para celebrar las fiestas ordenadas por Dios. Como líderes religiosos de la nación, los sumos sacerdotes y los escribas deberían haberse concentrado en prepararse ellos mismos y al pueblo para los acontecimientos que se avecinaban, pero en lugar de eso, estaban conspirando para matar a Jesús en secreto.

2. ¿Por qué temieron las autoridades religiosas un alboroto si no arrestaban y asesinaban a Jesús en secreto?

Mientras tramaban un complot contra Jesús, Simón el leproso lo había invitado a su casa a una fiesta en la aldea cercana de Betania; un trayecto de tres kilómetros desde Jerusalén.

3. **Lee Levítico 13:45-46.** ¿Qué tuvo que ocurrir con Simón para que pudiera tener esa fiesta en su casa?

Muchos estudiosos creen que Jesús había sanado a Simón en algún momento, y en un viaje anterior a Betania Jesús había resucitado a Lázaro de los muertos (Juan 12:1-2). Por eso la creencia popular es que esta fiesta era para celebrar el poder milagroso de Jesús. La casa de Simón estaba llena de personas que habían experimentado la bondad de Jesús de maneras inolvidables.

4. ¿Cómo han transformado tu vida la bondad y el poder de Jesús? Sé específico.

La celebración se volvió un tanto extraña cuando una mujer identificada como María de Betania (ver Juan 12:3) hizo algo inesperado, dividiendo la opinión de los presentes. Su acto es importante por muchas razones, pero veremos tres.

En primer lugar, era una *mujer*. En ese tiempo, la única razón justificada culturalmente por la que una mujer podría interrumpir la cena era para hacer algo relacionado con servir la comida.

En segundo lugar, se acercó con un frasco de *nardo puro*. Las especias, los ungüentos y los aceites solían utilizarse como inversiones en los tiempos de Jesús porque era fácil transportarlos y venderlos como importaciones de lujo. La cantidad que ella tenía estaba valorada en unos trescientos denarios: el sueldo de un año.

En tercer lugar, ella *rompió* el frasco de alabastro. Su intención no era utilizar una parte del costoso perfume con Jesús y guardar el resto para otro momento.

5. **Repasa 14:4-9 y llena la tabla siguiente.**

Versículo	Pensamiento/respuesta	Acción
14:4-5		
14:6-9		

En lugar de condenar las acciones de María por ser un desperdicio, Jesús la elogió por su adoración. Las palabras traducidas como "obra hermosa" en la NVI son las palabras griegas *kalos* y *ergon*, que significan "buen trabajo" o "buena obra". Jesús no solo estaba diciendo que María había hecho algo agradable y considerado; estaba comunicando que lo que ella había hecho era moralmente correcto y puro. De hecho, dijo que la historia de su despliegue extravagante de devoción se extendería hasta lo último de la tierra junto al evangelio. ¡El hecho de que hayas leído esta historia en la Biblia hoy es un cumplimiento de las palabras de Jesús!

6. ¿Alguna vez te ha preocupado que la forma en que sigues a Jesús pueda parecer rara o equivocada a ojos de los demás?

Es importante ser conscientes de que Jesús no estaba despreciando el valor de servir a los pobres. No cayó víctima del argumento: "¿Y qué pasa con...?". Les recordó a los discípulos que el problema de la pobreza seguiría existiendo y que habría oportunidades de sobra para que ellos practicaran una generosidad agradable a Dios en todas las áreas.

Algunos creen que María realmente entendió lo que estaba a punto de ocurrirle a Jesús, mientras otros dicen que simplemente fue una expresión de amor en un momento muy oportuno. En cualquiera de los casos, Jesús utilizó su acto para dirigir la atención de todos hacia su muerte. Después de su hermosa expresión de sacrificio, uno de sus propios discípulos (Judas Iscariote) decidió ayudar a los líderes religiosos con su plan para matar a Jesús. La versión de Juan de esta historia (Juan 12:4-6) nos muestra que Judas era uno de los que se oponían a lo que hizo María. En esto eventos sucesivos, dos personas que habían sido testigos del poder y la bondad de Jesús tuvieron respuestas completamente diferentes.

7. ¿Cómo es posible que dos personas sean testigos del mismo evento pero respondan de manera opuesta?

DÍA 2

MARCOS 14:12-25

LEE MARCOS 14:12-25

Sabiendo que estaba en sus últimos días, Jesús participó en una celebración de la Pascua con sus discípulos. Y aunque no lo entendieron, Él reveló que lo que se celebraba en la Pascua se cumpliría con su muerte inminente.

1. **Lee Marcos 11:1-6 y después repasa Marcos 14:12-16.** ¿Has encontrado algún paralelismo?

Jesús envió a dos discípulos a Jerusalén en el momento del año en el que más gente había para buscar una aguja en un pajar. Pero ellos creyeron las palabras de Jesús, siguieron sus instrucciones específicas y encontraron todo tal y como Él había dicho, hasta el último detalle.

2. ¿Qué crees que aprendieron o reafirmaron acerca de Jesús estos dos discípulos a través de esta experiencia?

La cena de la Pascua era tradicionalmente un momento de celebración, pero Jesús tenía noticias: iba a ser traicionado por un hombre que estaba sentado con ellos a la mesa. Uno por uno, cada uno de los discípulos preguntó si era él. Todos consideraban la posibilidad de ser el que le diera la espalda. Todos eran capaces del mismo tipo de pecado que Judas.

3. Cuando piensas en tu propio pecado, ¿tiendes a verlo como un fallo moral o como una traición a Jesús?

Aunque lo que estaba a punto de ocurrir era el cumplimiento de una profecía, Jesús habló duramente de Judas. Hay un principio importante en todo esto. Judas había tomado una decisión consciente de participar en el plan que asesinaría a Jesús, pero Jesús atribuyó la soberanía de lo que estaba a punto de ocurrir a los propósitos eternos de Dios que habían sido revelados en la Escritura.

A Dios no le sorprende nada. Él está en completo control de todo lo que ocurre en el mundo. Él no hace o promueve el mal, pero permite que exista como consecuencia necesaria de la caída de la humanidad en el pecado. La realidad de la soberanía de Dios no quita la responsabilidad humana y la culpa por el pecado; sin embargo, en su gran bondad, Él puede tomar los hilos del pecado más terrible y entrelazarlos en su hermosa historia de redención, para nuestro gozo y para su gloria (Romanos 8:28).

4. ¿Qué partes de tu historia sientes que no han sido alcanzadas todavía por la redención de Dios?

En 14:22-24 Jesús instituyó lo que nosotros conocemos como la Cena del Señor, la Comunión, o la Eucaristía. Al hacer esto, les dio a los discípulos una práctica física que podía conectarlos con realidades espirituales.

Todo lo que se comía durante una cena de Pascua tenía simbolismo, así que no habría sido muy sorprendente cuando Jesús dijo que el pan y el vino de la cena tenían un significado más profundo. Pero lo que *sí* fue sorprendente era lo que simbolizaban (su cuerpo y su sangre), y que representaban el nuevo pacto que Jesús proponía con esa cena.

5. **Lee sobre el antiguo pacto en Deuteronomio 30:15-18 y después lee acerca del nuevo pacto en Jeremías 31:31-34.** ¿Por qué es diferente el nuevo pacto?

En esta nueva forma de entender la Pascua, el Siervo sufriente sería asesinado y su sangre cubriría a todos los que crean en su vida sin pecado y su muerte sacrificial como pago por sus pecados. Dios "pasaría de largo" de estas personas porque ya había derramado su ira sobre Jesús en su lugar.

Estas palabras de Jesús no son cualquier cosa. Ningún humano puede crear un nuevo pacto entre Dios y la humanidad. Al reinterpretar esta comida, Jesús enfatizó su autoridad como Hijo de Dios que está en igualdad con el Padre.

Aunque anunció su muerte, también habló con anticipación acerca de su regreso. El plan de salvación y redención de Dios implica que su pueblo participe en otra comida más. En "ese día" del que Jesús habló, todas las personas que han sido limpiadas del pecado a través de su sangre serán invitadas a un gran banquete. Allí, el grupo de creyentes de todas las épocas y culturas, conocido como la novia de Cristo, celebrará estar unido a Él y el privilegio de pasar la eternidad en su presencia y su reino (Apocalipsis 19:6-9, 21:1-4).

DÍA 3

MARCOS 14:26-42

LEE MARCOS 14:26-42

Cumpliendo con las tradiciones de la Pascua, el himno que se menciona en 14:26 seguramente fue sacado de los Salmos Hallel (Salmos 113–118). *Hallel* significa "alabanza", así que es bastante probable que algunas de las últimas palabras que salieron de la boca de Jesús antes de ir al Monte de los Olivos fueran palabras de alabanza.

1. **Observa las palabras de los Salmos 116-118.** ¿Qué temas comunes o importantes ves?

Los discípulos habían aceptado que Jesús iba a ser traicionado por *uno* de ellos, pero les costó escuchar que todos lo abandonarían. Jesús no estaba intentando adivinar qué ocurriría; eso había sido profetizado. Los discípulos dispersándose como ovejas era una referencia a Zacarías 13:7-9. El capítulo entero es una imagen del pueblo de Dios siendo limpiado del pecado como resultado del juicio que cae sobre un buen pastor.

Pedro estaba convencido de la firmeza en su convicción de seguir a Jesús, pero Jesús, sabiendo la verdad, reveló detalles específicos acerca de las cosas que ocurrirían con Pedro. Negando su negación, Pedro se mantuvo firme, añadiendo que prefería morir antes que abandonar a Jesús. Los demás discípulos dijeron lo mismo. Como seguidores de Jesús, puede ser fácil sobrestimar nuestra capacidad de evitar el pecado y subestimar la dificultad de permanecer fieles a Jesús cuando llegan las pruebas y las tentaciones.

2. **Lee 1 Corintios 10:12-14.** ¿Cómo pueden las palabras de apóstol Pablo a un grupo de creyentes que pasan por dificultades mantenerte con los pies en la tierra y animarte en esta área?

3. **Busca la palabra *Getsemaní* (14:32) en un diccionario de hebreo.** ¿Qué significa?

Al pie del Monte de los Olivos hay un olivar conocido como el jardín de Getsemaní. Se extiende a lo largo del valle que se encuentra justo a las afueras de las puertas de Jerusalén. Jesús llevó a Pedro, Santiago y Juan con Él para orar en este lugar conocido como "la prensa de las olivas". En este lugar se ponían piedras pesadas sobre estos frutos para extraer el valioso aceite, lo cual representaba adecuadamente lo que ocurriría cuando Jesús fuera aplastado para producir algo de valor eterno.

4. **Repasa 14:33-36.** Llena la tabla siguiente para indicar dónde ves resaltada la humanidad y la humildad de Jesús en estos versículos.

Humanidad	Humildad

La angustia de Jesús estaba ligada al conocimiento de lo que significaban "la hora" (14:35) y "la copa" (14:36). Sería incorrecto pensar que simplemente tenía miedo a morir. El terror de Jesús tenía más que ver con la magnitud y gravedad del juicio que requería el pecado. Él era el Salvador Siervo que traería vida eterna solamente al tomar el castigo de los pecadores.

Jesús habló con el Padre y expresó con honestidad su deseo de evitar la ira venidera, pero se sometió al plan del Padre y al propósito que había venido a cumplir. Su humanidad se sometió a su divinidad.

Los hombres que momentos antes habían dicho que morirían por Jesús ni siquiera pudieron mantenerse despiertos cuando Él se lo pidió. Dirigiendo su atención inicialmente a Pedro, Jesús enfatizó la importancia de estar alerta y orar para protegerse contra la tentación. Hizo énfasis en lo débil que puede ser la carne. Después, cuando volvió a orar, los discípulos se durmieron otra vez.

5. ¿Qué puedes aprender del modelo de Jesús de oración persistente y su deseo de que los discípulos tuvieran esa misma prioridad?

Jesús despertó a los discípulos una última vez para decirles que estaba a punto de ser arrestado. Desde el jardín de Getsemaní sería fácil ver a la multitud que venía de las puertas de la ciudad y cruzaba el valle, llevando antorchas para iluminar el camino. En el pasado, cuando aún no era tiempo de que muriera, Jesús se había escabullido milagrosamente de las personas que querían arrestarlo (Juan 7:30, 7:44 y 10:39), pero esta vez sabía que su hora finalmente había llegado. Con un espíritu dispuesto y empoderado por sus oraciones, estaba preparado para enfrentarse a ello.

DÍA 4

MARCOS 14:43-65

LEE MARCOS 14:43-65

Con una falsa muestra de respeto y amistad (un beso), Judas identificó a Jesús ante el escuadrón armado de oficiales del templo. Juan 18:3 dice que era una "tropa romana", que podría consistir de entre trescientos y seiscientos soldados. Por supuesto que no esperaban que un criminal se entregara voluntariamente, y mucho menos un hombre inocente que sabía que lo querían muerto.

Jesús no se resistió ante su arresto, pero señaló la ironía de que fuera una misión secreta en la noche. Aunque su respuesta fue pacífica, uno de los discípulos optó por una vía más violenta: le cortó la oreja al siervo del sumo sacerdote. En la versión de Lucas de esta historia (Lucas 22:49-51), ¡Jesús no solo gritó que detuvieran la violencia sino que fue más allá y sanó la oreja del hombre! Si Jesús hubiera querido o necesitado que lo defendieran, el Padre era más que capaz, pero el cumplimiento de la Escritura y el plan eterno de salvación dependían de su rendición voluntaria (Mateo 26:52-54).

1. Describe un momento en el que intentaste solucionar un problema o cambiar una circunstancia en tu propia sabiduría carnal. ¿Qué aprendiste acerca del valor de buscar la perspectiva o la ayuda de Dios en lugar de hacerlo en tus fuerzas?

Un punto interesante: en 14:51 Marcos menciona a un joven vestido con poca ropa que seguía a Jesús y que terminó huyendo desnudo. Muchos de los autores de la Escritura mostraban dónde aparecían en las historias para dar crédito a su capacidad de testificar. Por eso, algunos comentaristas creen que este joven era el propio Marcos. Investiga un poco más sobre esta teoría en un comentario bíblico si te interesa.

Jesús fue llevado ante la Corte Suprema judía compuesta por fariseos y saduceos importantes para ser juzgado, pero ellos no tenían la autoridad de condenarlo a muerte. El sistema legal judío estaba limitado bajo el control romano. Solo el gobernador romano Pilato se reservaba el derecho a ejecutar. Si los líderes religiosos querían a Jesús muerto, debían tener acusaciones oficiales que presentar en su contra (pruebas de que Jesús había cometido una ofensa capital bajo la ley judía) y llevarlas ante los oficiales romanos.

Desesperados por declarar culpable a Jesús, el sanedrín buscaba testimonios negativos que corroboraran sus acusaciones. Había muchos testigos en este juicio, lo cual es un tanto sospechoso dado que tuvo lugar entre la medianoche y las 6:00 de la mañana, cuando la gente solía estar dormida. Esto sugiere que podrían haber ido tan lejos como para reclutar testigos falsos contra Jesús. De todas las acusaciones, en el texto solo se menciona una de manera explícita.

2. **Repasa 14:57-58.** ¿Cuál era la acusación?

3. **Lee Juan 2:19-21.** ¿Por qué es diferente lo que Jesús dijo y lo que le acusaban de haber dicho?

4. ¿A qué se refería Jesús con su afirmación?

Bajo el gobierno romano, la destrucción de un lugar de adoración conllevaba la pena de muerte. Si Jesús hubiera sido declarado culpable de ese cargo, los líderes religiosos habrían tenido el visto bueno para matarlo. Pero ni aún con sus mejores esfuerzos consiguieron que sus acusaciones falsas coincidieran.

Habiendo sido acusado injustamente, Jesús no rebatió a sus atacantes ni intentó probar su inocencia. Permaneció callado, renunciando incluso a la más mínima defensa: una imagen perfecta de Isaías 53:7.

5. Cuando experimentas malos tratos o injusticia, ¿cuál es tu primera respuesta?

6. **Lee 1 Pedro 2:18-24.** ¿Cómo demuestra este pasaje la respuesta de Jesús y desafía las normas culturales? ¿En qué áreas te desafía personalmente?

El sumo sacerdote se dirigió a Jesús con preguntas, tal vez esperando que dijera algo autoincriminatorio. Cuando le preguntaron directamente acerca de su identidad, Jesús declaró sin dudar que era el Hijo de Dios, citando profecías mesiánicas específicas del Salmo 110:1 en referencia a sí mismo.

7. Amplía tus conocimientos acerca de la blasfemia. ¿Por qué acusó el sumo sacerdote a Jesús de blasfemia por su declaración en 14:62?

La afirmación de ser el Hijo de Dios fue específicamente la que hizo que Jesús fuera condenado a morir: la declaración de una verdad que los líderes religiosos no estaban dispuestos a recibir. En la actualidad, muchas personas se sienten cómodas con muchas de las enseñanzas morales de Jesús e incluso la idea de que fuera un hacedor de milagros, pero se niegan a aceptar que es el único y verdadero Dios.

8. ¿Por qué es importante que Jesús era y es más que solo un hombre?

Si conoces a personas que piensan que Jesús fue una figura moral positiva, un buen filósofo o un maestro espiritual pero rechazan que es Dios, tienes una oportunidad estupenda para entablar conversación con ellos y hacerles preguntas curiosas con sinceridad (no con arrogancia). Como hemos visto en la Escritura y probablemente en nuestras propias vidas, ni los argumentos sólidos ni las señales milagrosas y prodigios cambian los corazones. ¡Pero las conversaciones amables, humildes y pacientes pueden hacer maravillas (Proverbios 25:15)!

9. ¿Cómo puedes intentar entender mejor lo que les llevó a sus conclusiones? ¿Qué preguntas podría ser útil hacerles?

Después de ser declarado culpable, Jesús fue ridiculizado y humillado. Este era solo el principio de la humillación y el sufrimiento que experimentaría en su compromiso de terminar la obra que traería salvación al mundo.

DÍA 5

MARCOS 14:66-72

LEE MARCOS 14:66-72

En la lectura de ayer aprendimos que Pedro —que inicialmente huyó con los otros discípulos— volvió para vigilar a Jesús y terminó en el patio de la casa del sumo sacerdote, donde Jesús era sometido a juicio (Marcos 14:50-54). Impulsado por la valentía o la curiosidad, Pedro encontró un lugar cerca del juicio y esperó para ver qué ocurría (Mateo 26:58). Cuando no pudo pasar desapercibido como esperaba, pues su acento rural revelaba que era forastero, siguió una serie de confrontaciones.

1. Llena la tabla siguiente con los detalles de las tres negaciones de Pedro a Jesús.

	Negación #1	Negación #2	Negación #3
¿Quién acusaba?			
¿De qué lo acusaban?			
¿Cómo respondió Pedro?			

Después de ser descubierto por un sirviente de los sumos sacerdotes y ser cuestionado sobre su relación con Jesús, Pedro se fue a otro lugar. Al intentar alejarse de esta primera señal de problemas, Pedro parece haberse perdido el primer sonido del canto de un gallo: la advertencia de que las palabras de Jesús se estaban cumpliendo. Con cada acusación, el asunto se volvía más serio porque el número de personas involucradas y su seguridad de que Pedro era uno de los discípulos de Jesús aumentaba.

2. La tercera negación de Pedro en 14:71 incluye un lenguaje sorprendentemente fuerte. ¿Qué significa que "comenzó a maldecir y a jurar"?

Maldecir no significa que Pedro comenzar a decir malas palabras intentando ser más convincente. En su contexto cultural, jurar era hacer un pacto, y al maldecir estaba añadiendo consecuencias a su falta de sinceridad. Pedro estaba diciendo algo como esto: "¡Juro que no conozco a Jesús! Que Dios me fulmine aquí mismo si no estoy diciendo la verdad". Cuando cantó el segundo gallo, Pedro lloró al recordar las palabras de Jesús. Estaba devastado al darse cuenta de lo que había hecho.

Jesús había caminado de cerca con Pedro durante varios años. Pedro fue uno de los primeros discípulos a los que llamó y era parte del círculo íntimo de tres hombres a los que Jesús a menudo dedicaba más atención y permitía vivir experiencias únicas. Pedro solía ser el primero en hacer declaraciones valientes o dar pasos de fe, pero también sabemos que se equivocó estrepitosamente; su carne era débil y su fe no era perfecta. A pesar de todo, Jesús estaba comprometido con el proceso de instruirlo en su entendimiento y dependencia de Él como objeto y fuente de su fe. Y el evento de su negación no fue la excepción.

3. ¿Alguna vez has sido tentado a creer que podías dar la talla espiritualmente, es decir superando pruebas y tentaciones? ¿Por qué esa línea de pensamiento es dañina para tu relación con Dios?

Cuando Pedro negó a Jesús, volvió a ser plenamente consciente de cuán espiritualmente pobre era, pero su fracaso no tenía la última palabra. Jesús ya había preparado el camino para su restauración y para continuar su propósito y había hablado sobre ello incluso antes de que tuviera este desliz.

Aún en nuestros mejores intentos de ser fieles, todos nos quedaremos cortos; pero, como Pedro, tenemos acceso al perdón, la fortaleza y el propósito en el reino cuando acudimos a Jesús de nuevo en arrepentimiento y fe. Dios nos llama *y* nos guarda mediante su poder. Nos sustenta y cumple todo lo que comienza; ¡incluyendo cada aspecto de su relación con nosotros! Es nuestra mayor bendición estemos vivos o muertos, ¡porque Él es la fuente de gozo!

4. ¿Qué es lo que más te ha llamado la atención del estudio de esta semana? ¿Por qué?

5. ¿Qué has aprendido o reaprendido acerca de Dios y su carácter esta semana?

DÍA 6

SALMO CORRESPONDIENTE Y ORACIÓN

LEE SALMOS 26

1. ¿Qué correlación ves entre Salmos 26 y el estudio de esta semana sobre Jesús y su reino?

2. ¿Qué porciones de este salmo te llaman más la atención?

3. Termina haciendo esta oración en voz alta:

Padre,

Tú eres un Dios de amor inagotable. Tu perdón empapa mis pecados en la sangre de tu Hijo Jesús y los limpia. Jesús, tú mostraste una humildad perfecta en tu camino a la cruz, incluso cantando cantos de adoración de camino a tu arresto, y te alabo por ello.

Confieso que yo no vivo en esa clase de humildad. Igual que los discípulos, hay momentos en los que he creído arrogantemente que estaba por encima del pecado. Igual que Judas, he valorado las cosas incorrectas. Como Pedro, Santiago y Juan, a veces he decidido ignorar tus advertencias y dormirme.

Dame sabiduría, Padre. Ayúdame a caminar en integridad en medio de los demás santos, pecadores y acusadores. Dame palabras de alabanza en medio de mis pruebas; palabras que apunten a ti y a tu bondad, ¡palabras que acerquen a otros a ti!

Te rindo mi vida, Señor; en cada momento de mi día y en cada decisión que tome, rindo mi voluntad y mis caminos ante tu voluntad y camino perfectos.

Yo también te amo. Amén.

DÍA 7

DESCANSA, PONTE AL DÍA O PROFUNDIZA

RETO SEMANAL

Las victorias y los fracasos espirituales serán parte de todas nuestras historias. En los altibajos de nuestro camino es importante que no demos lugar a la autoconfianza por las cosas que hacemos o a la vergüenza por las cosas en las que fallamos. Ambos destinos apartan nuestra mirada de Jesús y la ponen sobre nosotros mismos, porque son dos caras de la misma moneda del orgullo.

Esta semana, investiga para encontrar un versículo que te recuerde que cualquier fortaleza espiritual que veas en tu vida viene de Dios. Recordar la fuente de nuestra fortaleza y nuestras buenas obras nos servirá, ya sea que nos inclinemos más hacia la arrogancia o hacia la vergüenza.

Escribe el versículo en algún lugar que sepas que lo verás varias veces en el día. ¡Que sea un recordatorio de la fuente de tu fuerza!

VERSÍCULO PARA MEMORIZAR

«Vete, tu fe te ha sanado», le dijo Jesús. Al instante el ciego recobró la vista, y lo seguía por el camino.

Marcos 10:52

SEMANA 10

Marcos 15-16:

El sacrificio del Siervo

LECTURA BÍBLICA DIARIA

Día 1: Marcos 15:1-15

Día 2: Marcos 15:16-32

Día 3: Marcos 15:33-47

Día 4: Marcos 16:1-8

Día 5: Marcos 16:9-20

Día 6: Salmos 110

Día 7: Para ponerse al día

Corresponde a los Días 316 y 318 de *La sinopsis de la Biblia*

RETO SEMANAL

Ver la página 263 para más información.

DÍA 1

MARCOS 15:1-15

LEE MARCOS 15:1-15

En la lectura de hoy estudiaremos la cúspide de nuestra fe: el acto de servicio más importante de nuestro Siervo Salvador. No leas este texto rápidamente. No tengas prisa por completar las preguntas o simplemente "terminarlo". En su lugar, tómate el tiempo para que estos eventos realmente calen en ti.

Jesús había sido sometido a juicio ante los líderes religiosos judíos, pero estos no tenían autoridad para ejecutar la pena de muerte y por eso llevaron su caso ante los líderes políticos romanos. El siguiente juicio de Jesús fue ante Pilato, el gobernador que Roma había establecido en la región de Judea. Pilato vivía en Cesarea Marítima, pero estaba temporalmente en Jerusalén para supervisar las celebraciones de la Pascua. Como el propósito principal de su rol era mantener el orden, y la Pascua podría ser una oportunidad de que los judíos desestabilizaran el orden romano, hizo este viaje de ciento veinte kilómetros a Jerusalén, que le habría tomado unos cuatro días. Es probable que no hubiera pasado mucho tiempo después de su llegada cuando le presentaron el caso de Jesús. Pilato le preguntó a Jesús si era el Rey de los judíos.

1. ¿Por qué crees que los líderes judíos presentaron a Jesús con el cargo de "Rey de los judíos" ante Pilato?

Aunque los líderes religiosos se sintieran ofendidos por las afirmaciones de Jesús de ser el Hijo de Dios (14:61-62), afirmar ser Dios seguramente no significaba nada para Pilato. Los romanos tenían muchos dioses. Pilato podría haber pensado: *Este tipo parece bueno. ¿Qué importa que haya otro dios?* Pero afirmar ser otro rey era una amenaza política para Roma, y Roma no toleraba las amenazas.

2. **Lee Isaías 53:7.** ¿Por qué la respuesta de Jesús en 15:5 es un cumplimiento de la profecía del Antiguo Testamento?

Jesús decidió no responder a ninguna acusación sobre Él delante de sus acusadores. Permaneció callado. Cuando las ovejas son esquiladas, se quedan en una postura un tanto inclinada (sentadas sobre su trasero) y se relajan tanto en el proceso del esquilado que se quedan calladas y pierden toda rigidez. No hay drama o ruido excesivo. Jesús no se defendió valientemente como podría haberlo hecho. Sabía lo que le esperaba y estaba dispuesto a pagar el precio. Y Pilato estaba asombrado.

Poco tiempo después de esto, había una fiesta en la que a la multitud se le presentaba una de las tradiciones personales de Pilato: perdonar a un prisionero y liberarlo. Esta tradición, aunque pertenecía al gobernador romano, había sido anunciada mediante las instrucciones de Dios para el día de la expiación judía (también llamado Yom Kipur).

3. **Lee Levítico 16:7-22.** Compáralo con Marcos 15:6-15 y completa la tabla siguiente. **Utiliza tu herramienta de estudio bíblica preferida si necesitas más ayuda.**

Animal	Lo que representa	Persona
Cabra que fue sacrificada (chivo sacrificial)		
Cabra que fue liberada (chivo expiatorio)		

4. **Utilizando tu herramienta de estudio bíblico favorita, busca el significado del nombre de Barrabás y señálalo a continuación.**

A. hijo de pastor

B. hombre que es rabino

C. hijo del padre

D. prisionero

Las dos cabras simbolizaban dos cosas importantes que debían ocurrir con nuestro pecado. Nuestro pecado debe recibir un castigo. No puede ser ignorado. El chivo sacrificial representaba al inocente que moría por los culpables. Jesús siempre será el mejor ejemplo de un inocente que muere por los culpables.

La segunda cabra, el chivo expiatorio, era enviada al desierto. Esto simbolizaba algo igualmente importante: la culpa y la carga de nuestro pecado que nos ha sido quitada. Barrabás, lleno de culpa, fue liberado cuando merecía la muerte. Nosotros somos como Barrabás. Estamos llenos de pecado y hemos sido declarados culpables, pero al igual que Barrabás hemos sido liberados porque nuestros muchos pecados han sido cubiertos por la sangre de Jesús.

Barrabás, hijo del padre, consiguió libertad, mientras *el* Hijo del Padre fue sentenciado a muerte. Jesús, aunque sin culpa alguna, fue condenado mientras que un verdadero criminal (un ladrón y asesino) fue puesto en libertad. Los líderes religiosos agitaron a la multitud para liberar al hijo equivocado. Aunque Pilato no encontró razón para crucificar a Jesús, cedió ante la multitud apasionada. Y, después, el verdadero Hijo fue azotado.

5. **Utiliza un diccionario bíblico para definir *azotado*.**

Probablemente no podríamos soportar ser testigos de la atrocidad de este tipo de palizas. De hecho, es posible que ni siquiera podamos llegar a imaginarlo ahora. Los romanos eran profesionales de la tortura y la brutalidad. Estudiaban los castigos más horribles y no escatimaban en gastos. Jesús, el inocente amigo de pecadores, fue azotado sin misericordia.

6. Detente durante sesenta segundos para pensar acerca de lo que Jesús sufrió por ti. Después escribe una breve oración de gratitud por su gran amor y su sumisión voluntaria.

DÍA 2

MARCOS 15:16-32

LEE MARCOS 15:16-32

En la lectura de ayer, Pilato quería soltar a Jesús. El gobernador no había encontrado falta en Él, pero las multitudes escogieron liberar al criminal Barrabás y Jesús fue sentenciado a muerte por crucifixión. Mientras tanto, un batallón de soldados romanos (seiscientos hombres) fue llamado para asegurar el palacio. Roma estaba decidida a que ningún "Rey de los judíos" daría un golpe de estado bajo su gobierno, pero el Mesías, que tenía el poder para calmar los mares y la autoridad sobre todos los demonios, se quedó voluntariamente bajo custodia. Ellos se burlaron de Él y lo maltrataron, y la crueldad de sus actos demostró que nuestro Salvador sufriente estaba dispuesto a soportarlo todo en obediencia al Padre y por el bien de los perdidos.

1. **Repasa Marcos 15:17-19.** Une la acción de los soldados con la burla que implicaba.

Acción	Burla
Vestido de púrpura	Arrodillarse ante un rey
Corona de espinos	Típico "¡Ave, César!"
Saludo	Vestiduras reales
"¡Salve, Rey de los judíos!"	Corona real
Arrodillarse	Acto hacia alguien de honor

Se burlaron de Jesús con el mismo color púrpura que Él había ayudado a crear, y las espinas que se clavaban en su cuero cabelludo eran las mismas espinas que Él había creado (Juan 1:1-3). Él no era solo el Rey de los judíos; es el Rey de reyes. Fue voluntariamente mientras lo guiaban hasta el lugar de su crucifixión.

2. **Lee Marcos 8:34-38. Lee Gálatas 2:20.** ¿Qué significa que hayas sido crucificado con Cristo?

3. ¿Cómo has decidido negarte a ti mismo, tomar tu cruz y seguir a Jesús?

Jesús emprendió el camino hacia la cruz sabiendo que Él era el único que podía abrir un camino al Padre a través de la cruz. A menudo, los criminales eran llevados en procesión desnudos por el camino hasta el lugar de la crucifixión con las manos atadas a su travesaño de madera que pesaba entre 30 y 60 kilos. Jesús estaba demasiado cansado para llevar el travesaño, así que le ordenaron a Simón de Cirene que lo ayudara.

4. ¿Por qué Jesús no bebió el vino y la mirra que le ofrecieron?

A. No tenía sed

B. Sabía que moriría pronto y la hidratación no era importante

C. Decidió enfrentar lo que tenía por delante con una mente despejada

Las mujeres de Jerusalén llevaban una bebida fuerte y casi narcótica a aquellos que sufrían una muerte cruel para suavizar su dolor. Proverbios 31:6-7 dice: "Denle bebida fuerte al que está pereciendo, y vino a los amargados de alma. Que beba y se olvide de su pobreza, y no recuerde más su aflicción". El aceite de mirra contiene compuestos que interactúan con los receptores de opioides en el cerebro, los cuales cancelan el dolor y provocan un efecto sedativo. Parece que Jesús quería permanecer sobrio mentalmente para todo lo que tenía por delante.

5. **Utiliza un diccionario bíblico para definir crucifixión. También puedes leer fuentes históricas si te ayudan a tener un entendimiento más profundo de este evento.**

La crucifixión era brutal. Los romanos estudiaron cómo hacer que este método de castigo fuera lo más horroroso posible y habían pasado quinientos años perfeccionándolo. Durante ese tiempo, llevaron a cabo miles de crucifixiones. En ese sentido, la forma en que Jesús murió no era algo fuera de lo normal (ni siquiera fue el único que murió en ese lugar ese día) porque fue colgado entre otros dos criminales. Lo más probable es que su travesaño de madera estuviera clavado en un árbol al que habían quitado todas sus ramas y que era utilizado repetidamente por Roma en su fábrica de tortura para provocar una muerte más eficiente.

Roma se aseguraba de que estas escenas tuvieran lugar en lugares importantes (a menudo en los caminos principales que entraban a las ciudades) para que los transeúntes pudieran observar, burlarse y entendieran que no debían desobedecer a Roma. Aunque seguramente muchas personas habían muerto en ese mismo árbol antes que Él y muchos vendrían después que Él (algunos de ellos tal vez inocentes de los crímenes por los que los acusaron), Él fue el único hombre verdaderamente inocente que haya vivido y muerto. En sus últimas horas, Jesús experimentó burlas, acusaciones y dudas. Aun así, su corazón permaneció firme. "Por el gozo puesto delante de Él soportó la cruz" (Hebreos 12:2).

DÍA 3

MARCOS 15:33-47

LEE MARCOS 15:33-47

Mientras el Salvador Siervo colgaba de la cruz sufriendo, toda la zona se oscureció durante tres horas; desde el mediodía hasta las 3:00 de la tarde. Es como si la creación gimiera junto a su Creador. La falta de luz no era casualidad, aunque muchos a lo largo de la historia han intentado decir que sí lo era. La Pascua siempre ocurre con luna llena, haciendo que sea imposible un eclipse solar natural.

Este fenómeno climático no se registra solamente en la Escritura. Como nos cuenta el historiador Julius Africanus, el historiador romano Flegón registró este evento pero erró al atribuir su causa: "Flegón registra que, en los tiempos de Tiberio César, cuando hubo luna llena hubo un eclipse total del sol entre la hora sexta y la novena".[6]

1. **Utiliza una herramienta de estudio bíblico para averiguar qué horas son la sexta y la novena.**

6. Julius Africanus, "Fragment xviii", The Writings of Julius Africanus, Bible Hub, https://biblehub.com/library/africanus/the_writings_of_julius_africanus/fragment_xviii_on_the_cir- cumstances.htm#1.

A las 3:00 de la tarde Jesús clamó: "Eloi, Eloi, ¿lema sabactani?". Algunas personas de la multitud no entendieron lo que decía y lo utilizaron para seguir alimentando sus burlas. Los soldados no tenían piedad; no había respeto por la muerte cuando un supuesto criminal estaba en la cruz. Está claro que había oscuridad espiritual que acompañaba a la oscuridad física. Era trágico que mientras la profecía se estaba cumpliendo y la humanidad estaba a punto de ser redimida, muchos aún no tenían ojos para ver.

2. **Lee Salmos 22. Utilizando un comentario bíblico u otra herramienta de estudio bíblico, describe la importancia de las palabras de Jesús en 15:34.**

Los Salmos fueron escritos para ser cantados. La Biblia aún no había sido dividida en capítulos, así que gritar "¡Salmo 22!" no hubiera hecho que la multitud abriera sus rollos en ese pasaje. En su lugar, Jesús gritó la primera frase, llevando a la gente a este salmo mesiánico tan conocido. Mientras estaba en la cruz, sirvió a las multitudes crueles y permaneció obediente al Padre proclamando las buenas noticias antes de dar su último aliento.

3. Completa la tabla siguiente con afirmaciones que muestran cómo el Evangelio de Marcos revela el cumplimiento del Salmo 22 en la vida y ministerio de Jesús.

Pasaje del Salmo 22	Pasaje de Marcos 15	Cumplimiento de Cristo
Versículo 1	Versículo 34	
Versículo 7		Jesús recibe burlas y desprecio
Versículo 16	Versículo 27	
Versículo 18	Versículo 24	

Después de que Jesús clamó, alguien (un espectador o un soldado romano) le ofreció un poco de vinagre. En la Escritura no está del todo claro si la motivación de esa persona era seguir con las burlas y el desprecio o la misericordia, pero las circunstancias parecen indicar que era lo primero. Es importante señalar que este vinagre es diferente a la bebida narcótica que Jesús rechazó un poco antes (15:23). Esta bebida era como un vinagre de vino, un brebaje muy común utilizado por los soldados y los trabajadores porque aliviaba la sed más eficazmente que el agua y era relativamente barato. El Evangelio de Juan nos dice que Jesús bebió antes de decir una última frase y dejar de respirar (Juan 19:30).

4. **Repasa 15:38.** ¿Qué ocurrió cuando Jesús dio su último aliento? ¿Por qué es importante este gran cambio en el templo? **Lee Hebreos 10:19-20 si quieres más detalles.**

¡El velo del templo se rasgó de arriba abajo! Ningún hombre pudo haber hecho eso. Imagina el asombro del sacerdote que lo vio por primera vez. Esta cortina de casi ocho centímetros de grosor y hecha de pieles de animales colgaba entre el Lugar Santo y el Lugar Santísimo, donde habitaba la presencia de Dios. La cortina separaba un lugar que era tan santo, que el sumo sacerdote solo podía entrar una vez al año. Pero cuando la muerte de Jesús cumplió con la ira del Padre y estableció el nuevo pacto, ya no hacían falta las viejas normas. Jesús fue el puente entre un Dios santo y el hombre pecador, ¡y la barrera fue quitada!

5. **Lee Hebreos 4:14-5:10.** Enumera las tres cosas que hizo Jesús en este pasaje que ahora mismo te resulten más significativas.

6. **Lee Isaías 53:9.** ¿Qué cumplimiento profético ocurrió cuando José de Arimatea se llevó el cuerpo de Jesús para sepultarlo?

Jesús fue enterrado en una tumba prestada (la tumba de un hombre rico), pero no se iba a quedar ahí. Las mujeres observaban desde la distancia, Pilato estaba asombrado por la cronología de la muerte, y el centurión dijo: "¡Este hombre era el Hijo de Dios!". En varios sentidos, este evento fue importante para todos los que lo presenciaron. Miles de años después, sigue siendo importante cuando la humanidad medita en él con asombro y reverencia.

7. Recuerda el momento en el que creíste que Jesús es quien dice que es. Escribe a continuación un testimonio breve.

DÍA 4

MARCOS 16:1-8

LEE MARCOS 16:1-8

Ayer leímos que Jesús fue sepultado. ¡Y hoy leemos que ya no está en la tumba! Los seguidores de Jesús estaban dolidos por su muerte, pero aquellos que lo conocían bien y lo amaban seguramente no estaban dolidos solo por haberlo perdido, sino también porque aparentemente no era el Mesías que pensaban que era.

María Magdalena, María la madre de Santiago, y Salomé esperaron hasta después de que terminara el sábado con la puesta de sol para comprar especias para ungirlo. De camino, siguieron desarrollando su plan, intentando solucionar problemas por adelantado: "¿Cómo entraremos en la tumba?". Pero en cuanto llegaron vieron que la piedra había sido quitada de la entrada.

1. **Lee Mateo 27:65-28.** ¿Qué nos dice este pasaje acerca de cómo fue quitada la piedra?

El relato de Mateo deja claro que pusieron guardias en la entrada de la tumba. Esto nos dice que los discípulos de Jesús no movieron la piedra. Aunque hubieran sido lo suficientemente valientes o fuertes, probablemente no habrían podido vencer a los soldados romanos armados. Parece que Dios utilizó una combinación de elementos naturales y sobrenaturales (un terremoto y un ángel) para mover la piedra.

2. **Repasa 16:5 y Lee Mateo 28:3-5.** ¿Quién era el "joven"? ¿Cuál fue la reacción de las mujeres al verlo? ¿Qué les dijo él a ellas?

El "joven" era un ángel. Cada vez que aparecen ángeles en la Escritura, se muestran como varones humanos. La Escritura suele describirlos vestidos de blanco, y su apariencia suele describirse como "radiante" y "como un rayo". Hay algunas teorías basadas en la Escritura que dicen que los ángeles podrían ser muy grandes, y cuando se aparecen a humanos suelen decir: "No temas". Lo más probable es que los ángeles den miedo. Y la Escritura nunca describe a los ángeles con alas o aureolas (aunque otro tipo de criaturas celestiales como los querubines y los serafines *sí* tienen alas). Las mujeres en la tumba tuvieron miedo, pero él les dijo que no temieran; de hecho, ¡tenían motivos para regocijarse porque el Mesías había resucitado!

3. **Utiliza un diccionario para definir *resurrección* y *reanimación* y fíjate en la diferencia entre ambas.**

4. En los pasajes siguientes, identifica si la persona que ahora estaba viva fue resucitada o reanimada.

1 Reyes 17:22 ____________________

2 Reyes 4:32-35 ____________________

Juan 11:41-44 ____________________

Lucas 8:52-55 ____________________

Lucas 7:14-15 ______________________________

Hechos 9:40-41 ______________________________

Hechos 20:9-10 ______________________________

Cada una de las personas mencionadas arriba fue reanimada de manera milagrosa. Fueron traídas de regreso a la vida en el mismo cuerpo, y con el tiempo volverían a morir con ese mismo cuerpo. La resurrección no es simplemente volver a vivir; es vivir en una nueva versión de nuestro cuerpo que está perfectamente preparada para la vida eterna (1 Corintios 15:35-49). Hasta este punto, Jesús es el primero y único que ha sido resucitado a esta nueva vida. Él está completamente vivo ahora mismo en ese cuerpo y está sentado a la derecha del Padre, ministrando al interceder por nosotros (Hebreos 7:25).

5. **Lee 1 Tesalonicenses 4:14-18, Filipenses 3:20-21, y 1 Corintios 15:49-57.** ¿Qué promesa contienen estos versículos para aquellos que están en Cristo?

Podemos seguir creyendo en la promesa de nuestra propia resurrección porque la resurrección prometida de Jesús se cumplió tal como dijeron las Escrituras. Cristo no solo murió por nuestros pecados, ¡sino que resucitó para que un día nosotros también podamos resucitar!

6. **Repasa 16:7.** Fíjate que el joven dijo: "sus discípulos y Pedro". ¿Por qué crees que hizo esta distinción? **Lee Lucas 22:61-62 si necesitas ayuda con tu respuesta.**

7. ¿Alguna vez has sentido que tus malas decisiones o tu conducta de pecado te descalificaban de ser un discípulo de Jesús? ¿Te da esperanza saber que Pedro también estaba incluido?

El ángel dio instrucciones específicas y les recordó que verían a Jesús, tal como Él les había dicho. Las mujeres corrieron de la tumba completamente sobrecogidas y asombradas, y mantuvieron en secreto lo que habían visto.

DÍA 5

MARCOS 16:9-20

LEE MARCOS 16:9-20

Si estás leyendo la versión NVI te habrás fijado en que el pasaje de hoy está en cursiva. Puede que tu Biblia también tenga una nota que diga que esta parte del texto no estaba incluida en algunos manuscritos más antiguos. Debido a que sí aparecen en *algunos* manuscritos antiguos y también a que hay un continuo debate acerca de si estos versículos deberían estar incluidos en la Escritura, es sabio mantener la mente abierta con respecto a ellos. No gritaremos cuando la Escritura susurra. Al mismo tiempo, podemos estar seguros, sabiendo que la mayoría de la información en estos pasajes también está incluida en los otros tres relatos de los Evangelios.

Vale la pena destacar que la primera aparición de Jesús a un humano después de su resurrección fue a una mujer que había estado endemoniada. En el Israel del primer siglo, esto era importante. Su testimonio no hubiera sido considerado fiable porque era una mujer, pero Jesús le confió la mejor noticia de todas. Por un momento, fue la única persona que formó parte de lo que con el tiempo se llamaría la iglesia. Esta mujer que había estado poseída por siete demonios (hasta que Jesús la transformó) llevaba el mensaje de *su* transformación a los demás.

1. ¿Cómo reaccionaron los discípulos cuando María les dijo que había visto a Jesús vivo?

Después de aparecerse a María Magdalena, Jesús se apareció a otros dos hombres que volvieron y se lo contaron a los discípulos.

2. ¿Cómo reaccionaron los discípulos cuando los dos viajeros les hablaron acerca de su encuentro con Jesús?

3. **Utilizando un diccionario de griego, busca la palabra *reprendió* del 16:14.** ¿Qué te dice esto de la actitud de Jesús hacia sus discípulos?

La palabra *reprendió* aquí es más bien una advertencia seria. Los estaba corrigiendo por su incredulidad y dureza de corazón. Les había dicho en repetidas ocasiones que resucitaría de los muertos, pero cuando varios mensajeros compartieron con ellos la noticia, no creyeron. Parece que sus dudas no eran con los mensajeros sino con el Señor. Jesús, que pronto se marcharía, sabía que tenían un gran llamado que requeriría de su fe para llegar a formarse del todo.

4. ¿Hay algún área en la que a tu corazón le falte un compromiso total con la misión de Jesús? Identifica esas áreas a continuación y escribe una oración de arrepentimiento pidiéndole a Dios que cambie tu corazón.

La última sección del Evangelio de Marcos se conoce como la Gran Comisión. Algunos estudiosos creen que esta comisión era solo para los once discípulos de Jesús, pero la creencia más popular entre el cristianismo ortodoxo es que aplica a todos los seguidores de Jesús para siempre.

Jesús compartió con ellos información muy específica, pero la única orden que recibieron fue: "Vayan por todo el mundo y prediquen el evangelio a toda criatura". Por supuesto que estas instrucciones eran contraculturales para un grupo de personas que estaba acostumbradas a ser el pueblo escogido de Dios y que se aislaban intencionalmente de los extranjeros. Pero Jesús había pasado sus tres años de ministerio mostrando el amor de Dios a las personas de fuera de esas regiones y nacionalidades. Había cumplido lo que los profetas del Antiguo Testamento habían anunciado: ¡Dios quiere rescatar a personas de todas las naciones (Isaías 19:19-25, 56:7)! Jesús llamó a los discípulos a dejar sus círculos de influencia y a compartir las buenas noticias con personas fuera de su cultura y su zona de confort.

5. ¿Cómo afecta este llamado tu vida como discípulo de Jesús? Comparte un ejemplo de cómo haces esto en tu vida o comparte lo que te gustaría hacer diferente para vivir mejor en su llamado.

La única parte de este texto que no aparece en ningún otro Evangelio está en 16:17-18. Vale la pena señalar que, incluso en este pasaje, no es algo que los creyentes tengan que hacer; Jesús dijo que ocurrirían como resultado de creer y obedecer. Y les aseguró que estarían protegidos cuando entraran en territorio peligroso.

6. **Repasa 16:19-20. Usando una herramienta de estudio bíblico, describe en tus propias palabras lo que significa que Jesús esté sentado a la derecha del Padre.**

Puedes descansar en la seguridad de saber que Jesús está sentado a la derecha de Dios. ¡Él ha terminado su obra de salvación! Y, mientras esperamos su regreso, imitamos su don de servicio. Podemos servir a nuestros vecinos y a las naciones igual que servimos a nuestro Salvador. Él fue más que solo un ejemplo de cómo servir; Él es aquel que hace posible todo buen servicio (Filipenses 1:6, 2:13). Él hace lo que debe hacerse, en nosotros y a través de nosotros. ¡Y Él es la fuente de gozo!

7. ¿Qué es lo que más te ha llamado la atención del estudio de esta semana? ¿Por qué?

8. ¿Qué has aprendido o reaprendido acerca de Dios y su carácter esta semana?

DÍA 6

SALMO CORRESPONDIENTE Y ORACIÓN

LEE SALMOS 110

1. ¿Qué correlación ves entre Salmos 110 y el estudio de esta semana sobre Jesús y su reino?

2. ¿Qué porciones de este salmo te llaman más la atención?

3. Termina haciendo esta oración en voz alta:

Padre,

Desde antes de la creación, tú siempre has sido Dios: Padre, Hijo y Espíritu. Siempre has existido en perfecto amor. Antes de inventar el tiempo, ya tenías un plan de redención para tu pueblo, y te alabo por haberme incluido en ese plan; ¡por redimirme y adoptarme en tu familia!

Confieso que me resulta fácil perder de vista aquello que tu Hijo Jesús hizo accesible para mí: el acceso a una relación contigo, el perdón de mis pecados, una nueva identidad de justicia libre de vergüenza, el poder de tu Espíritu viviendo en mí, ¡y una herencia en tu reino! Confieso que soy culpable de poner los ojos en mí mismo; no siempre he sentido el deseo de compartir tus buenas noticias con aquellos que me rodean. A veces he preferido la comodidad. Y me arrepiento.

Cambia mi corazón, Dios. Ayúdame a querer compartir las buenas noticias de Jesús. Pon oportunidades para que pueda hablar de ti con las personas que tengo en mi vida o incluso con desconocidos con los que me encuentre a lo largo del día. Recuérdame siempre tu bondad. Dame gozo cuando me falte. ¡Transforma mi egoísmo en servicio para tu gloria y para mi gozo!

Te rindo mi vida, Señor; en cada momento de mi día y en cada decisión que tome, rindo mi voluntad y mis caminos ante tu voluntad y camino perfectos.

Yo también te amo. Amén.

DÍA 7

DESCANSA, PONTE AL DÍA O PROFUNDIZA

RETO SEMANAL

A lo largo de este estudio hemos visto a Jesús servir continuamente a aquellos que le rodeaban. ¿Quieres imitar a Cristo sirviendo como Él lo hizo? ¿La motivación de tu servicio es la gratitud o la culpa? ¿Qué diferencia se siente cuando sirves desde la gratitud en lugar de la obligación?

Si no tienes un lugar donde servir, habla con tu iglesia local y pregunta qué necesidades hay. En oración, comprométete a servir de manera regular.

Reflexiona en las siguientes preguntas cuando sirvas: ¿Cómo sirvió Jesús? ¿Cómo transforma el servicio tu corazón?

PARA LÍDERES DE GRUPO

¡Gracias por usar este estudio y también por liderar a otros a través de él! Cada semana tiene una amplia variedad de material (contenido y preguntas, lectura bíblica diaria, memorización de versículos, reto semanal y recursos) para ayudar al lector a desarrollar un abanico de disciplinas espirituales. Siéntete libre de usar este contenido en tus reuniones como lo veas conveniente. Los detalles proporcionados en "Cómo usar este estudio" (págs. 11–12) serán útiles para ti y para todos los miembros de tu grupo, así que asegúrate de revisar esa información juntos.

Depende de ti y de tu grupo cómo les gustaría estructurar sus reuniones, pero sugerimos incluir tiempo para dialogar sobre el estudio y el texto bíblico de la semana, el aliento mutuo y la oración. Además, tal vez quieras practicar juntos los versículos de memorización de la Escritura como grupo o en parejas. A medida que compartas con los demás, "consideremos cómo estimularnos unos a otros al amor y a las buenas obras" (Hebreos 10:24) y "confórtense los unos a los otros, y edifíquense el uno al otro," (1 Tesalonicenses 5:11).

A continuación hay algunas preguntas de ejemplo para ayudar a facilitar la discusión. Está estructurado como un estudio semanal, pero si tu grupo se reúne con una frecuencia diferente, tal vez quieras ajustar las preguntas en consecuencia. Cubre tantas preguntas como el tiempo lo permita, o siéntete libre de crear tus propias preguntas. Si lo deseas, también puedes repasar los recursos adicionales en inglés que hemos vinculado para ti en MyDGroup.org/Resources/Mark.

MUESTRA DE PREGUNTAS DE DISCUSIÓN

¿Qué preguntas te surgieron con el estudio o el texto bíblico de esta semana?

¿Qué te llamó la atención en el estudio de esta semana?

¿Qué notaste acerca de Dios y su carácter?

¿Cómo te desafió tu estudio del texto bíblico? ¿Hay algo que quieras cambiar a la luz de lo que aprendiste?

¿Cómo afecta lo que aprendiste sobre Dios tu manera de vivir en comunidad?

¿Qué correlación viste entre el salmo del Día 6 y el estudio de esta semana sobre Jesús y su reino?

¿Has sentido que Dios está obrando en ti a través del reto semanal? Si es así, ¿cómo?

¿Está aumentando tu amor por la Palabra de Dios a medida que avanzamos en este estudio? Si es así, ¿cómo?

¿Algo de lo que aprendiste aumentó tu gozo de conocer a Jesús?

RECONOCIMIENTOS

Fue para mí un gran gozo ser solo una más en un equipo de escritores en este proyecto. Laura Buchelt, Emily Pickell, Evaline Asmah y Meg Mitchell: gracias por su increíble investigación, creatividad, sabiduría, humildad y risas. Nunca me imaginé que una tabla de planchar podría servir como escritorio o que una manta con capucha de mapache sería el atuendo perfecto para estimular la creatividad. Y especialmente a LB: gracias por todo tu trabajo previo para dividir este estudio en segmentos y por combatir el bloqueo del escritor exigiendo un baño de agua fría.

Quien manejó todos los detalles prácticos para nuestro retiro de escritura fue Olivia Le, desde reservar vuelos hasta alimentarnos y ayudarnos a encontrar la mejor caminata cuando necesitábamos un breve respiro lejos de nuestras computadoras. También hace los mejores huevos revueltos en la verde tierra de Dios.

Sin la sabiduría y el aliento continuo de Lisa Jackson, mi agente literaria, nada de esto sería posible. Y gracias a su esposo, Rich, quien seguramente nos entregó no menos de cincuenta cajas de materiales además de una mesa plegable.

Mis editores, Jeff Braun y Hannah Ahlfield, son realmente el equipo de ensueño para mí. Gracias por compartir esta visión de ayudar a las personas a descubrir más capas de la belleza de la Palabra de Dios. ¡Brindo por muchas más bebidas energéticas de celebración!

Y al resto del increíble equipo de D-Group, Rachel Mantooth, Lindsay Ruhter, Warwick Fuller y Omar Cardenas, nuestro consejo directivo y todos nuestros líderes y miembros alrededor del mundo. ¡Me encanta estar en misión con ustedes!

ACERCA DE LA EDITORA

TARA-LEIGH COBBLE

El celo de Tara-Leigh por la alfabetización bíblica le condujo a crear una red de estudios bíblicos llamada D-Group (Grupo de Discipulado). Cada semana, cientos de grupos D-Group de hombres y mujeres se reúnen en hogares, en iglesias y en línea para el estudio de la Biblia y para rendirse cuentas.

También escribe y presenta un podcast diario llamado *La sinopsis de la Biblia*, diseñado para ayudar a los oyentes a leer y comprender la Biblia en un año. El podcast ha acumulado más de trescientos millones de descargas en sus primeros cinco años, y más de veinte mil iglesias en todo el mundo se han unido a su plan de lectura para conocer a Dios y amarlo mejor. Se ha convertido en un libro publicado por Bethany House Publishers.

Tara-Leigh es una autora éxito de ventas en la lista del *Wall Street Journal*, habla ante una amplia variedad de audiencias y lidera regularmente viajes de enseñanza a Israel porque le encanta ver a otros maravillarse con la historia de la Escritura a través de la experiencia de primera mano.

Entre sus cosas favoritas están el agua con gas y los días de 22 grados con un 55 por ciento de humedad, y piensa que cada comida sabe mejor cuando se come al aire libre. Vive en una caja de cemento en los cielos de Dallas, Texas, donde no tiene mascotas, hijos ni nada que podría morir si se le olvida alimentarlo.

Para más información sobre Tara-Leigh y sus ministerios, puedes visitarla en el internet.

Sitios web:
taraleighcobble.com | thebiblerecap.com | mydgroup.org | israelux.com

Redes sociales:
@taraleighcobble | @thebiblerecap | @mydgroup | @israeluxtours